$\Delta\ \infty\ \pi\ \sqrt{}\ \Sigma\ \approx\ \geq$

Schulaufgaben

bayerischer Realschulen

Mathematik 9 II/III

mit Lösungen

Schulaufgaben bayerischer Realschulen

Verfügbare Titel

☺ **Mathematik** für Klasse **5, 6, 7II / III, 8II / III, 9II / III** und **10II / III**
☺ **Englisch** für Klasse **5, 6, 7, 8, 9** und **10**
☺ **Deutsch** für Klasse **5, 6, 7** und **8**

Schulaufgaben von bayerischen Gymnasien

Verfügbare Titel

☺ **Mathematik** für Klasse **5, 6, 7, 8, 9, 10, 11** und **12**
☺ **Physik** für Klasse **8, 9** und **10**
☺ **Chemie** für Klasse **8, 9** und **10**
☺ **Englisch** für Klasse **5, 6, 7, 8, 9, 10** und **11/12**
☺ **Französisch** für Klasse **6, 7, 8** und **9**
☺ **Deutsch** für Klasse **5, 6, 7** und **8**
☺ **Latein** für Lernjahr **1, 2** und **3**

Schulproben von bayerischen Mittelschulen

Verfügbare Titel

☺ **Mathematik** für Klasse **5** und **6**
☺ **Englisch** für Klasse **5** und **6**
☺ **Deutsch** für Klasse **5** und **6**

Schulproben von bayerischen Grundschulen

Verfügbare Titel

☺ **Mathematik** für Klasse **3** und **4**
☺ **Deutsch** für Klasse **3** und **4**
☺ **Heimat- und Sachunterricht (HSU)** für Klasse **3** und **4**

Vorwort

Liebe Eltern,

Seit Einführung des neuen Lehrplans 2009 / 2010 ist die Schulmathematik kompakter geworden, ohne dass dabei der Lehrinhalt sinnvoll gekürzt wurde. Diese

Schulaufgaben bayerischer Realschulen

Mathematik 9 II / III

zeigen, welche Aufgabentypen in Realschulen verlangt werden. Aufgrund der großen Nachfrage veröffentlichen wir die (modifizierten) und anspruchsvollen Schulaufgaben mit Lösungen unserer Schüler aus bayerischen Realschulen. Schulaufgaben von Nachhilfeschülern unseres ***Durchblicker Lernstudio Arndt*** bilden die Grundlage der Aufgaben in diesem Buch.

Ein anderer Teil der Aufgaben habe ich als Mathematiklehrer selber entworfen. Wer diese Schulaufgaben konsequent durcharbeitet, dem sind bessere Noten sicher. Zumindest weiß man, was dran kommt und durch eine bessere Vorbereitung kommt der Erfolg.

Nach meiner Erfahrung sind sehr viele Schüler vor der Schulaufgabe nervös, weil sie nicht wissen, was sie erwartet. Aber die Angst und Nervosität legt sich sehr schnell, sobald die Schüler einige dieser Aufgaben kennen und durchgerechnet haben.

Die sechs Schulaufgaben entsprechen dem anspruchsvollen Niveau aus Realschulen von Bayern, die so ähnlich gestellt worden sind. Sie spiegeln den gesamten Lernstoff der 9. Jahrgangsstufe (kaufmännischer Zweig) wider. Wenn wir feststellen, dass ein Aufgabentyp nicht mehr aktuell ist, wird er sofort durch einen neuen ersetzt. Somit haben Sie immer die aktuellsten Aufgaben aus bayerischen Realschulen.

Die Hinweise in den Lösungen sind die absoluten Insidertipps eines Mathelehrers aus einer Realschule.

Die mit ✔ gekennzeichneten Aufgaben haben sich als Standardaufgaben herauskristallisiert, d.h. solche Aufgaben werden fast in jeder Realschule in einer Schulaufgabe gestellt.

Die mit MITTLERE REIFE gekennzeichneten Aufgaben können so – zumindest als Teilaufgaben – in der Abschlussprüfung zur Mittleren Reife gestellt werden.

Mein Ziel ist es, die Motivation und Kreativität aller Schüler beim Lösen von Aufgaben zu fördern. Dazu biete ich die ausführliche Lösung der Aufgabenstellung an mit Hintergrund-informationen und detaillierter Beschreibung des Lösungsweges.

Ihr Mathetrainer Claus Arndt

Liebe Schülerin, lieber Schüler,

du hast die 8. Klasse erfolgreich geschafft und es wird genauso erfolgreich weitergehen. Mit diesem Band rechnest du Schritt für Schritt alle Aufgaben durch, bis du fit bist für die Schulaufgabe. Du schreibst im Schuljahr drei Schulaufgaben in Mathe. Insgesamt sechs sind in dem Band enthalten, also pro Schulaufgabe zwei, wie sie tatsächlich gestellt werden. Das Besondere ist, dass du bei den Lösungen auch wichtige Hinweise erfährst. Versuche die Aufgaben selbständig zu lösen wie in einer Schulaufgabe. Danach schaust du dir die Lösungen an und korrigierst dich selbst.

Und zum Schluss noch ein persönlicher Tipp, während du die Schulaufgabe schreibst. Achte auf die äußere Form: sauber schreiben, nicht schmieren – denn der Lehrer muss oft über 30 Schulaufgaben korrigieren. Am liebsten macht er seine OK-Häkchen und gibt eine gute Note.

Ich wünsche, dass du ein begeisterter Zahlenkünstler wirst und wünsche dir viel Spaß beim Lösen der Aufgaben.

Dein Mathetrainer Claus Arndt

Claus Arndt ***(Dipl.-Mathematiker),*** derzeit Leiter eines Lernstudios, arbeitete als Mathelehrer an einer Realschule und unterrichtet an einem Münchner Gymnasium die Oberstufe. Als Bildungstrainer und Matheprofi erklärt er mit seinem pädagogischen Können den Lernstoff jeder Altersklasse sehr anschaulich und entwickelt aus dem Stegreif eigene praxisbezogene „Testschulaufgaben“ zum Trainieren. Er weckt die Neugier der Schüler auf die Rätselwelt der Zahlen und stößt ihnen damit eine Tür zur Mathematik auf. Zudem bringt er seine Erfahrungen aus der freien Wirtschaft mit ein.

www.durchblicker.org
Titelbild: Heinrich Schmid, Überlingen am Ried / Singen am Hohentwiel

ISBN: 978-3-943703-32-0

9 783943 703320

Inhaltsangabe

Schulaufgaben aus dem Lehrstoff der Klasse 9 II / III in Bayern

Schulaufgabe 2.2

- Lineare Geraden untersuchen
- Berechnung des Schnittpunktes mit Hilfe eines linearen Gleichungssystems (LGS)
- Lösungsmengen von LGS
- Geometrische Anwendungsaufgabe – Lösung mit Hilfe eines LGS
- Zuordnung von Zahlen zu den Zahlenräumen
- Nenner rational machen
- Definitionsmenge rationaler Terme bestimmen
- Kombinatorik, Baumdiagramme
- Mehrstufige Zufallsexperimente, Pfadregeln
- Zusammengesetzte Wahrscheinlichkeiten berechnen
- Zentrische Streckung, Streckungsfaktor bestimmen
- Flächeninhalt eines Rechtecks im Koordinatensystem vor und nach der zentrischen Streckung

Schulaufgaben 3

Schwerpunkte *Ähnliche Dreiecke, Vierstreckensatz, Flächensätze des Euklid (Pythagoras-Gruppe) und Grundlagen der Raumgeometrie*

Schulaufgabe 3.1

- Vierstreckensatz 1. Form und 2. Form
- Ähnlichkeit nach WWW-Satz, Winkelberechnungen
- Pythagoras in der ebenen Geometrie
- Rechteck in flächengleiches Quadrat verwandeln
- Pythagoras in der Raumgeometrie
- Berechnung der Oberfläche eines Tetraeders

Schulaufgabe 3.2

- Vierstreckensatz (Strahlensatz) – Anwendung bei einem Straßenschild
- Ähnliche Dreiecke – Ja oder Nein
- Ähnliche Dreiecke innerhalb eines rechtwinkligen Dreiecks
- Pythagoras in der ebenen Geometrie
- Längenkonstruktion mit Hilfe des Höhensatzes
- Schrägbild einer Pyramide
- Pythagoras in der Raumgeometrie
- Hilfskonstruktionen
- Vierstreckensatz in der Raumgeometrie

1. Schulaufgabe aus der Mathematik

Aufgabe 1

Gegeben seien die Mengen $M_1 = \{0; 2; 4\}$ und $M_2 = \{-1; 0; 1; 2\}$. Weiter ist die Relationsvorschrift $2y - x > 0$ über der Grundmenge $G = M_1 \times M_2$ gegeben.

a) Wie lautet die Produktmenge $M_1 \times M_2$ in aufzählender Form?

b) Löse die Relationsvorschrift nach y auf und ermittle die Elemente R der Relation in aufzählender Form.

c) Wie lautet der Werte- und Definitionsbereich der Relation?

d) Stelle die Relation grafisch dar.

e) Handelt es sich bei der Relation auch um eine Funktion (mit Begründung)?

Aufgabe 2

Wahr oder falsch. Kreuze an. Begründe eine falsche Aussage.

	w	f
a) Die 2. Winkelhalbierende ist eine Ursprungsgerade und hat die Gleichung $y = -x$		
b) Die Gerade durch die Punkte $A(0\,|0)$ und $B(0\,|-7)$ hat die Gleichung $y = 0$		
c) Die Geraden $y = 2x + 5$ und $y = -2x + 5$ sind parallel oder orthogonal		
d) Die beiden Winkelhalbierenden stehen senkrecht aufeinander		
e) Die x-Achse hat die Geradengleichung $x = 0$		

Aufgabe 3

Gegeben ist die Gerade $f: y = -x + 1{,}5$

a) Zeichne den Graph von f in ein Koordinatensystem (LE 1 cm)

b) Bestimme die Nullstelle des Graphen von f (Rechnung).

c) Liegt der Punkt $A(-10|12)$ oberhalb, unterhalb oder auf der Funktion? Begründe rechnerisch.

d) Der Punkt $B(x|-4)$ liegt auf dem Graphen von f. Berechne die fehlende Koordinate.

e) Durch $P(-2|1)$ wird die Parallele g zu f gezeichnet. Bestimme die Funktionsgleichung von g (Rechnung).

f) Welche Steigung hat eine Funktion, die f senkrecht schneidet?

Aufgabe 4

Eva bekommt zum Geburtstag im Juni ein neues Handy und hat zwei Tarife zur Auswahl:

1. Tarif „Viel-Tel“: monatliche Grundgebühr: 13, 50 €; Minutenpreis 0,33 €
2. Tarif „Spar-Tel“: monatliche Grundgebühr: keine; Minutenpreis 0,45 €

a) Stelle für beide Tarife die monatlichen Kosten als Funktion der Zeit (x Minuten), die Eva telefoniert, dar. Gib dazu die Funktionsgleichung $v(x) = \ldots\ldots$ für „Viel-Tel“ und $s(x) = \ldots\ldots$ für „Spar-Tel“ an.

b) Welcher der beiden Tarife ist für Eva im Monat April günstiger gewesen: Eva hat im April jeden Tag etwa 6 Minuten telefoniert.

c) Wie lange kann Eva mit dem „Viel-Tel“ Tarif telefonieren, wenn ihre Tante monatlich 30 € übernimmt und Eva nichts dazu bezahlen will?

Aufgabe 5

Berechne den Flächeninhalt der Giebelwand eines Hauses mit Mansardendach.

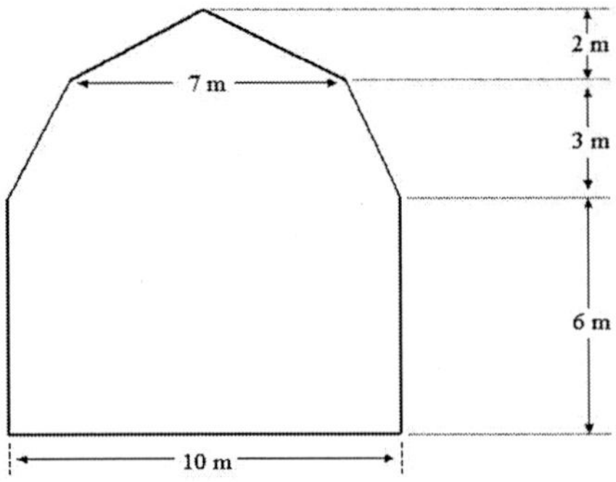

Aufgabe 6

Die Grundlinie eines Parallelogramms ABCD hat die Seitenlänge $\overline{AB} = 8$ cm. Dieses Parallelogramm hat den gleichen Flächeninhalt wie ein Dreieck EFG mit $\overline{EF} = 6$ cm und der zur Seite [EF] gehörenden Höhe $h_1 = 8$ cm.

a) Wie groß ist der Flächeninhalt des Dreiecks EFG?

b) Wie lang ist die Höhe h des Parallelogramms?

Aufgabe 7

Beim gleichschenkligen Dreieck ABC mit Basis $\overline{AB} = 6$ cm und Höhe $h_c = 4$ cm wird die Seite AB um x cm über B hinaus verlängert und die Höhe h_c von C um 0,5x cm verkürzt.

a) Berechne den Flächeninhalt des neuen Dreiecks in Abhängigkeit von x.
Ergebnis : $A(x) = (-0{,}25x^2 + 0{,}5x + 12)\text{cm}^2$

b) Berechne die Belegung von x, für die man das Dreieck mit dem größten Flächeninhalt erhält.

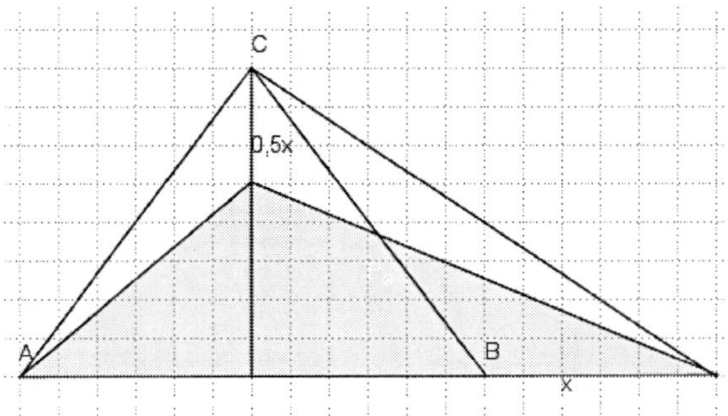

Viel Erfolg!

mögliche Punkteverteilung

Aufgabe	1a	1b	1c	1d	1e	2	3a	3b	3c	3d	3e	3f	4a	4b	4c	5	6a	6b	7a	7b	
Punkte	2	3	1	1	1	3	2	1	1	1	2	1	2	2	2	3	2	1	3	3	**37**

Lösung Schulaufgabe 1.1

Lösung Schulaufgabe 1.1

Allgemeine Anmerkungen

Diese Schulaufgabe behandelt sehr ausführlich die Lernstoffe „Relationen und lineare Funktionen". Die Formeln der Flächeninhalte verschiedener geometrischer Figuren wie Parallelgramm, Trapez, Dreieck und Drachen werden abgefragt. Fehlen darf auch nicht eine Extremwertaufgabe. Solche Aufgaben sind generell anspruchsvoll. Aber das Lernen lohnt sich. Die Aufgaben 2, 3 und 4 behandeln ausführlich lineare Funktionen sowohl technisch wie auch als Anwendung.

zu Aufgabe 1 ✔

Du musst in jeder Schulaufgabe mit solch einer Aufgabe rechnen. Zu Lernen: Produktmenge, aufzählende Form einer Relation, Definition und Wertebereich, grafische Darstellung und immer wieder die Frage, ob es sich um eine Funktion handelt oder nicht. Lediglich die Relationsvorschrift kann komplexer sein als hier (siehe Schulaufgabe 1.2)

zu Aufgabe 2

Lernaufgabe. Leichte Abfrage aus dem Bereich Lineare Funktionen (Geraden). Unbedingt lernen, denn die Geraden sind ein Bestandteil der Mittleren Reife!

zu Aufgabe 3 ✔

Es ist eine umfassende Standardaufgabe, die alle wesentlichen Lehrpunkte enthält: Zeichnen, Nullstelle, parallele und orthogonale Geraden. Die Bedeutung der linearen Funktionen in Prüfungen ist von hoher Wichtigkeit. Womit du IMMER rechnen musst: Nachweis der Orthogonalität: Zwei Geraden sind orthogonal, falls $m_1 \cdot m_2 = -1$. Das ist so sicher wie das Amen in der Kirche.

zu Aufgabe 4 ✔

Diese Aufgabe stellt den Begriff der Funktion an einer Anwendung aus dem Alltag dar. Diese Art von Aufgaben sind sehr beliebte Schulaufgaben. Oft wird noch die Frage gestellt: Ab wann ist der eine Tarif günstiger als der andere. D.h. du musst dann den Schnittpunkt beider Geraden bilden, um diese Frage zu beantworten. Oft musst du auch die Graphen der Geraden noch zeichnen. Also wichtig: Übe alle derartige Aufgaben, die im Unterricht besprochen werden.

zu Aufgabe 5 und 6

Leichte Lernaufgabe. Du solltest für folgende Figuren die Flächeninhaltsformel wissen: Rechteck, Dreieck, Parallelogramm, Trapez, Drachen und Raute.

Tipp: Fange mit dieser Aufgabe in der Schulaufgabe an. Diese ist leicht und du wirst sicher.

zu Aufgabe 7 ✔

Es ist eine „Extremwertaufgabe", die mittels einer quadratischen Gleichung gelöst werden kann. Dazu muss die quadratische Gleichung mit Hilfe der quadratischen Ergänzung umgeformt werden. Jetzt ist die Belegung von x abzulesen.

Hinweis: Bei der quadratischen Gleichung handelt es sich um eine Parabelgleichung, die leider erst in der 10. Klasse besprochen werden. Nun wird ausgenutzt, dass der Wert der y-Koordinate des Scheitels dem maximalen Flächeninhalt des Dreiecks entspricht.

Lösung Schulaufgabe 1.1

Aufgabe 1

Hinweise und Tipps

- Alle geordneten Paare (x|y) mit $x \in M_1$ und $y \in M_2$ bilden die Menge $M_1 \times M_2$, die sogenannte Produktmenge. Die Anzahl der Paare ergibt sich aus dem Produkt der Anzahl der Elemente aus jeder Menge.
- Die Definitionsmenge D wird aus der Menge aller ersten Komponenten der Zahlenpaare der Zuordnung gebildet, die Wertemenge W aus der Menge aller zweiten Komponenten.
- Erkennungsmerkmale einer Funktion:
  - Eine Parallele zur y-Achse schneidet den Graphen in höchstens einem Punkt.
  - Jedem Element x aus D ist jeweils genau ein Element y aus W zugeordnet.

$M_1 = \{0; 2; 4\}$ und $M_2 = \{-1; 0; 1; 2\}$

a) $M_1 \times M_2 = \{ (0|-1); (0|0); (0|1); (0|2); (2|-1); (2|0); (2|1); (2|2); (4|-1); (4|0); (4|1); (4|2)\}$

b) $2y - x > 0 \quad | +x$

$2y > x \quad | :2$

$y > \frac{1}{2}x$

$x = 0 \quad \Rightarrow y > \frac{1}{2} \cdot 0 = 0$ wird erfüllt von den Paaren (0|1); (0|2)

$x = 2 \quad \Rightarrow y > \frac{1}{2} \cdot 2 = 1$ wird nur erfüllt vom Paar (2|2)

$x = 4 \quad \Rightarrow y > \frac{1}{2} \cdot 4 = 2$ wird von keinem Paar erfüllt

Insgesamt R = {(0|1); (0|2); (2|2)}

c)

D = {0; 2}

W = {1; 2}

d)

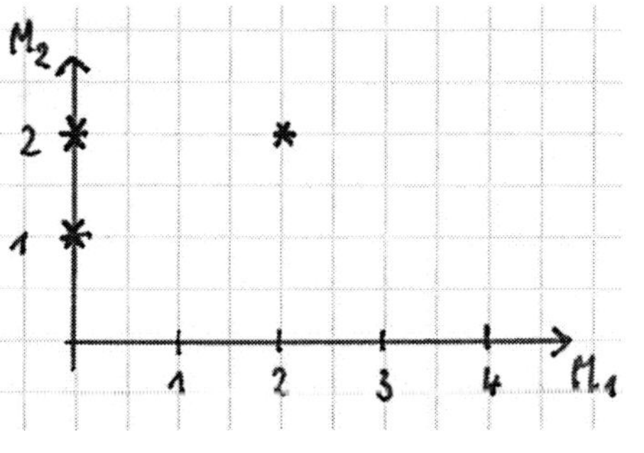

e) Nein, die Relation ist **keine** Funktion, da zu dem 0 aus M_1 zwei Werte , 1 und 2 gehören.

Aufgabe 2

Tipps und Hinweise

- Die 1. Winkelhalbierende (WH) hat die Gleichung y = x, also die Steigung $m_1 = 1$ und die 2. WH: y = −x, also die Steigung $m_2 = -1$.
- Zwei Geraden stehen senkrecht aufeinander, falls $m_1 \cdot m_2 = -1$. Also die beiden Winkelhalbierenden stehen senkrecht aufeinander.

	w	f
a) Die 2. Winkelhalbierende ist eine Ursprungsgerade und hat die Gleichung $y = -x$	x	
b) Die Gerade durch die Punkte A(0 |0) und B(0 | −7) hat die Gleichung $y = 0$	x	
c) Die Geraden $y = 2x + 5$ und $y = -2x + 5$ sind parallel oder orthogonal		x
d) Die beiden Winkelhalbierenden stehen senkrecht aufeinander	x	
e) Die x-Achse hat die Geradengleichung $x = 0$		x

zu c) Die 1. Gerade hat die Steigung $m_1 = 2$ und die 2. Gerade die Gleichung $m_2 = -2$.
D.h. die Geraden haben ungleiche Steigungen und sind somit nicht parallel. Wären sie orthogonal müsste $m_1 \cdot m_2 = -1$. Es ist aber $2 \cdot (-2) = -4$ und somit nicht -1. Die Geraden sind weder parallel noch orthogonal.

zu e) Die x-Achse hat die Gleichung $y = 0$.

Aufgabe 3

Hinweise und Tipps

- zu a) Es gibt 2 Möglichkeiten eine Gerade zu zeichnen:
  1. Trage im Schnittpunkt mit der y-Achse T(0|1,5) das Steigungsdreieck ein (1 Einheit nach rechts und 1 nach unten). Verbinde T und den Eckpunkt des Dreiecks.
  2. Erstelle eine Wertetabelle mit 2 Punkten und verbinde diese, z.B. T(0|1,5) und P(2|0,5).
- zu b) Nullstelle bestimmen heißt: Bestimme den Schnittpunkt der Geraden mit der x-Achse. Die x-Achse ist auch eine Gerade mit der Gleichung $y = 0$.
- zu b) Bei Angabe der Nullstelle gib beide Koordinaten an: N(1,5| 0).
- zu c) g Setze die x-Koordinate -10 in die Funktionsgleichung ein und vergleiche das Ergebnis mit dem gegebenen Wert 12.
  zu d) $y = -4$ in die Funktionsgleichung einsetzen und nach x auflösen.
- zu e) Denke daran: Parallele Geraden haben immer die gleiche Steigung.
- zu f) Eine zu f senkrechte (orthogonale) Gerade hat die Steigung $m = -\frac{1}{m_f}$.

a)

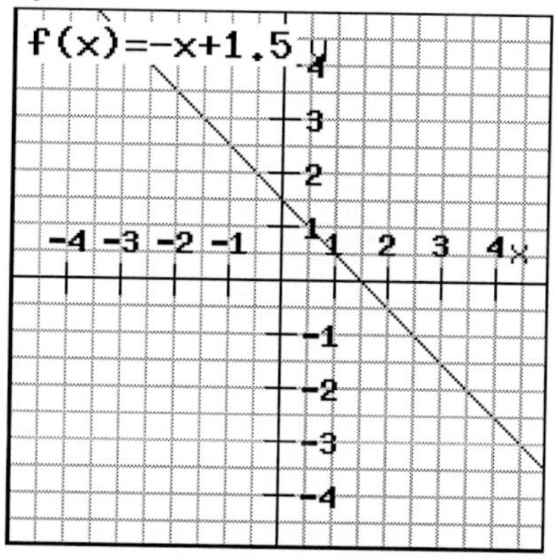

b)
Nullstelle: $f(x) = 0$
$-x + 1,5 = 0 \quad \Leftrightarrow x = 1,5$
Nullstelle: N(1,5|0)

c) $f(-10) = -(-10) + 1,5 = 11,5 < 12$
A liegt oberhalb der Funktion f

d) $-4 = -x + 1,5 \quad \Leftrightarrow \quad -x = -5,5$
$x = 5,5$
B hat die Koordinaten (5,5|−4)

e) Geradengleichung g: $y = mx + t$
Da g parallel zu f ist, gilt: $m = m_g = -1$; $\quad y = -x + t$
Bestimmung von t, durch Einsetzen von P(−2|1):
$1 = -(-2) + t \quad \Leftrightarrow \quad -1 = t$
Geradengleichung g: $y = -x - 1$

f) Für die Orthogonalität zweier Geraden gilt die Beziehung $m_1 \cdot m_2 = -1$, wobei m_1 und m_2 die Steigungen der sich schneidenden Geraden darstellen.
$m_1 = -1$ die Steigung der Funktion f
$-(1) \cdot m_2 = -1 \qquad m_2 = 1$.
Die Steigung der Senkrechten zu f ist 1.

Aufgabe 4

Hinweise und Tipps

- zu a) Die Terme sind jeweils lineare Terme, d.h. die graphische Darstellung ist eine Gerade. Die Gerade zum „Spar-Tel"-Tarif geht durch den Ursprung und ist somit eine Ursprungsgerade.
- zu b) Achtung: Es wird nach den Kosten für einen Monat gefragt. Bei der Angabe werden aber die Kosten pro Monat angegeben. Der Monat April hat 30 Tage.
- zu c) Ziehe die Grundgebühr von den gegebenen 30 € ab. Die Differenz ist dann der Betrag, den Eva noch zur Verfügung hat.

a) $v(x) = 0{,}33x + 13.50$
$s(x) = 0{,}45x$

b) Eva telefoniert etwa 30 Tage · 6 Minuten = 180 Minuten.
$v(180) = 0{,}33 \cdot 180 + 13{,}50 = 59{,}40 + 13{,}50 = 72{,}90$ €
$s(180) = 0{,}45 \cdot 180 = 81{,}00$ €
Der Tarif „Viel-Tel" ist günstiger.

c) Eva hat noch 30,00 – 13,50 € = 16,50 zur Verfügung.
$16{,}50 : 0{,}33 = 650 : 33 = 50$
Eva kann 50 Minuten telefonieren

Aufgabe 5

Die Figur setzt sich aus einem Rechteck, einem Trapez und einem Dreieck zusammen:

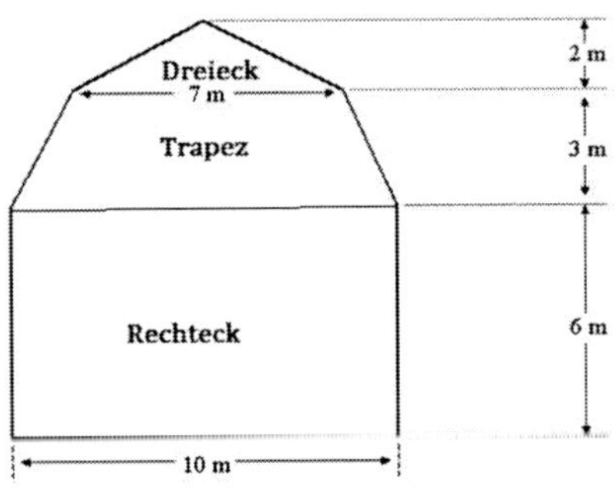

$A_{Dreieck} = \frac{1}{2} \cdot g \cdot h = \frac{1}{2} \cdot 7 \cdot 2 = 7 \text{ m}^2$

$A_{Trapez} = \frac{a+c}{2} \cdot h = \frac{10+7}{2} \cdot 3 = 8{,}5 \cdot 3 = 25{,}5 \text{ m}^2$

$A_{Rechteck} = l \cdot b = 10 \cdot 6 = 60 \text{ m}^2$

Insgesamt $A = A_{Dreieck} + A_{Trapez} + A_{Rechteck} =$
$92{,}5 \text{ m}^2$

Aufgabe 6

a) $A_{Dreieck} = \frac{1}{2} \cdot g \cdot h = \frac{1}{2} \cdot 6 \cdot 8 = 24 \text{ cm}^2$

b) $A_{Parallelogramm} = g \cdot h_g$ Mit a) folgt: $24 = 8 \cdot h$ **$\Rightarrow h = 3$ cm**

Aufgabe 7

Hinweise und Tipps

- Der Flächeninhalt eines Dreiecks berechnet sich: $A = 0{,}5 \cdot g \cdot h_g$
- Der Flächeninhalt stellt sich als eine quadratische Funktion mit dem Parameter x dar.
- Für Interessierte: Es handelt sich um eine Parabelgleichung. Die y-Koordinate des Scheitels repräsentiert dann den maximalen Wert des Flächeninhalts.
- Da die Parabel nach unten geöffnet ist (wegen $a = -0{,}25$), ist der Scheitelpunkt ein Maximum und somit ist dann der Flächeninhalt maximal. (Stoff der 10. Klasse)

Lösung Schulaufgabe 1.1

a) $A = 0{,}5 \cdot g \cdot h_g$ wobei $g = 6 + x$ und $h_g = 4 - 0{,}5x$

$A = 0{,}5 \cdot (6 + x) \cdot (4 - 0{,}5x) = 0{,}5 \cdot (24 - 3x + 4x - 0{,}5x^2) = 0{,}5 \cdot (24 + x - 0{,}5x^2) =$
$(12 + 0{,}5x - 0{,}25x^2)\text{cm}$

b) quadratische Ergänzung

$A = -0{,}25x^2 + 0{,}5x + 12$ | $-0{,}25$ ausklammern –auf Minuszeichen achten

$A = -0{,}25 \cdot (x^2 - 2x - 48)$ | quadratische Ergänzung

$A = -0{,}25 \cdot (x^2 - 2x + 1^2 - 1^2 - 48)$ | Binomische Formel

$A = -0{,}25 \cdot [(x - 1)^2 - 49]$ | $-0{,}25 \cdot (-49)$ ausmultiplizieren

$A = -0{,}25 \cdot (x - 1)^2 + 12{,}25$

Für $\mathbf{x = 1}$ cm ergibt sich der maximale Flächeninhalt **12,25 cm²**.

Gesamtpunkte: **37**

Punkte	37 - 33	32 - 27	26 - 21	20 - 14	12 - 5	4 - 0
Note	1	2	3	4	5	6

1. Schulaufgabe aus der Mathematik

Aufgabe 1

Gegeben ist die Relation R: $y < |x + 1|$ mit $(x \mid y) \in M_1 \times M_2$, wobei $M_1 = \{-3; -2; -1; 0; 1; 2\}$ und $M_2 = \{0; 1; 2; 3; 4\}$

a) Wie lautet die Relation in aufzählender Form?
b) Zeichne jeweils ein Pfeil- und Koordinatendiagramm.
c) Gib die Definitions- und Wertemenge an.
d) Ist die Relation eine Funktion? (Begründung)

Aufgabe 2

Gegeben ist die Gerade g_1 mit $y = -\frac{3}{4}x + 2$.

a) Zeichne die Gerade in ein Koordinatensystem.
Für die Zeichnung $x \in [-6; 6]$ und $y \in [-2; 7]$
b) Berechne die Koordinaten der Nullstelle S und des Schnittpunktes T mit der y-Achse.
c) Prüfe durch Rechnung, ob der Punkt $A(-2 \mid 3{,}5)$ auf der Geraden g_1 liegt.
d) Bestimme die Gleichung der Geraden g_2 durch die Punkte A und $B(-5 \mid -0{,}5)$ durch Rechnung. Wie liegen die beiden Geraden zueinander? (Rechnerische Begründung)
e) Die Gerade g_1 wird durch Parallelverschiebung mit dem Vektor $\vec{a} = \begin{pmatrix} 5 \\ -1{,}5 \end{pmatrix}$ auf die Gerade g_3 abgebildet. Zeichne die neue Gerade ein und bestimme ihre Gleichung durch Rechnung.

Aufgabe 3

Gegeben sind die Geraden g_1 mit $2y - 4x - 9 = 0$ und g_2 mit $6y + x + 12 = 0$.

a) Zeichne die Geraden g_1 und g_2 in ein Koordinatensystem und lies aus der Zeichnung die Koordinaten des Schnittpunktes P ab.
Für die Zeichnung $x \in [-6; 6]$ und $y \in [-3; 6]$
b) Die Geraden g_1 und g_2 bilden mit y-Achse ein Dreieck. Berechne den Flächeninhalt von Dreieck S_1PS_2 mit Hilfe der Koordinaten der Punkte.
c) Bestimme rechnerisch die Gleichung der Geraden g_3, die senkrecht zu g_1 liegt und durch $R(-1 \mid 2{,}5)$ verläuft und zeichne g_3 ein.
d) Gib die Gleichung der Parallelenschar an, zu der die Gerade g_1 gehört, zeichne die Schargerade g_4 durch Punkt $T(3 \mid -2{,}5)$.
e) Die Geraden g_3 und g_4 schneiden sich im Punkt U. Welches Viereck wird durch die Punkte R, P, T und U festgelegt? Berechne seinen Flächeninhalt, indem du die nötigen Streckenlängen aus der Zeichnung abliest.

Aufgabe 4

Eine Raute ABCD mit $\overline{AC} = 6$ cm und $\overline{BD} = 9$ cm ist gegeben. Verlängert man die Diagonale [AC] über A und C hinaus um jeweils x cm und verkürzt die Diagonale [BD] von B und D ausgehend jeweils um x cm, so erhält man eine Schar von Rauten $A_nB_nC_nD_n$.

a) Welche Werte kann x annehmen?
b) Zeichne die Raute ABCD und die Raute $A_1B_1C_1D_1$ für $x_1 = 2$ und berechne deren Flächeninhalt A_1.
c) Bestimme den Flächeninhalt A(x) der Rauten in Abhängigkeit von x.
[Ergebnis: $A(x) = -2x^2 + 3x + 27$]
d) Ermittle durch Rechnung, für welche Belegung von x man die Raute mit dem größten Flächeninhalt erhält und gib A_{max} an.

Aufgabe 5

Ein Parallelogramm hat den Flächeninhalt $A = 36\ cm^2$. Der Umfang ist $U = 18$ cm. Die Seite $b = 3$ cm. Berechne die Seite a und die Höhen h_a und h_b.

Aufgabe 6

Ein gleichschenkliges Trapez hat denselben Flächeninhalt wie ein rechtwinkliges Dreieck mit den Kathetenlängen $a = 6$ cm und $b = 4{,}5$ cm.
Berechne die Länge der zweiten Grundseite des Trapezes, wenn eine Grundseite 4 cm und die Trapezhöhe $h = 5$ cm beträgt.

Viel Erfolg!

mögliche Punkteverteilung

Aufgabe	1a	1b	1c	1d	2a	2b	2c	2d	2e	3a	3b	3c	3d	3e	4a	4b	4c	4d	5	6a	
Punkte	2	2	1	1	1	1	1	3	3	2	3	2	1	2	1	2	2	3	3	3	**40**

Lösung Schulaufgabe 1.2

Lösung Schulaufgabe 1.2

Allgemeine Anmerkungen

Auch in dieser Schulaufgabe kommen umfassende Aufgaben bzgl. den Themen Relationen, lineare Funktionen und Flächeninhalte zur Anwendung. Die Schulaufgabe ist anspruchsvoll. Viel grafische Arbeit wird abverlangt. Sauberes Zeichnen ist hier unabdingbar. Die Aufgaben umfassen ein vorliegendes Thema umfassend. Einzelabfragen finden in der Regel in Stegreifaufgaben statt.

Zu Aufgabe 1 ✓

Du musst in jeder Schulaufgabe mit solch einer Aufgabe rechnen. Zu Lernen: Produktmenge, aufzählende Form einer Relation, Definition und Wertebereich, grafische Darstellung und immer wieder die Frage, ob es sich um eine Funktion handelt oder nicht.

Zu Aufgabe 2 ✓

Umfangreiche Aufgabe bzgl. linearer Funktionen. Diese beinhaltet alle Lerninhalte bzgl. diesem wichtigen Kapitel. In Teilaufgabe e) ist noch ein kleiner Ausflug in die 7. Klasse: Parallelverschiebung, also Vektorrechnung.

Zu Aufgabe 3 ✓

Wiederum eine Aufgabe zum Thema Lineare Funktionen, die aber auch das Thema Flächeninhalt eines Dreiecks mit Hilfe von Vektoren auszurechnen beinhaltet. Interessant ist auch, dass Längen abzulesen sind und dann mit den Längen der Flächeninhalt eines Trapezes gefragt wird. Also, höchste Konzentration beim Zeichnen. Zumindest das Thema „Flächeninhalt von Dreiecken und Parallelogrammen" mittels Vektoren ist auch Stoff für die Abschlussprüfung (Mittlere Reife).

Zu Aufgabe 4 ✓

Eine Extremwertaufgabe, die du durch quadratische Ergänzung lösen solltest. Achtung: Manche Lehrer führen deswegen vorab den Themenbereich Parabelgleichungen ein, die sonst erst in der 10. Klasse drankommen. Sehr wichtige Aufgabe!

Zu Aufgabe 5

Ist eine leichte Aufgabe, die so auch in einer Stegreifaufgabe gestellt werden kann.

Zu Aufgabe 6

Auch hier handelt es sich um eine relativ leichte Aufgabe, wobei du dich nicht von gleichen Flächeninhalten eines Dreiecks und eines Trapezes irre führen lassen darfst.

Fazit

Lies gleich zu Anfang der Schulaufgabe alle Aufgaben ausführlich durch. Beginne mit den einfacheren Aufgaben. Hier Aufgaben 5 und 6.

Lösung Schulaufgabe 1.2

Aufgabe 1

Hinweise und Tipps

- Zur Bestimmung der Wertepaare setzt du nach und nach die x-Werte ein und überlegst, welche y-Werte der Ungleichung genügen.
- Die Definitionsmenge D wird aus der Menge aller ersten Komponenten der Zahlenpaare der Zuordnung gebildet, die Wertemenge W aus der Menge aller zweiten Komponenten.
- Erkennungsmerkmale einer Funktion:
  - Eine Parallele zur y-Achse schneidet der Graphen in höchstens einem Punkt *oder*
  - Jedem Element x aus D ist jeweils genau ein Element y aus W zugeordnet.

a) $x_1 = -3$ $\quad y < |-3+1| = 2 \quad \Rightarrow (-3|0);\ (-3|1)$

$x_2 = -2 \quad y < |-2+1| = 1 \quad \Rightarrow (-2|0)$

$x_3 = -1 \quad y < |-1+1| = 0 \quad \Rightarrow$ --

$x_4 = 0 \quad y < |0+1| = 1 \quad \Rightarrow (0|0)$

$x_5 = 1 \quad y < |1+1| = 2 \quad \Rightarrow (1|0);\ (1|1)$

$x_6 = 2 \quad y < |2+1| = 3 \quad \Rightarrow (2|0);\ (2|1);\ (2|2)$

$R = \{(-3|0);\ (-3|1);\ (-2|0);\ (0|0);\ (1|0);\ (1|1);\ (2|0);\ (2|1);\ (2|2)\}$

b)

Pfeildiagramm

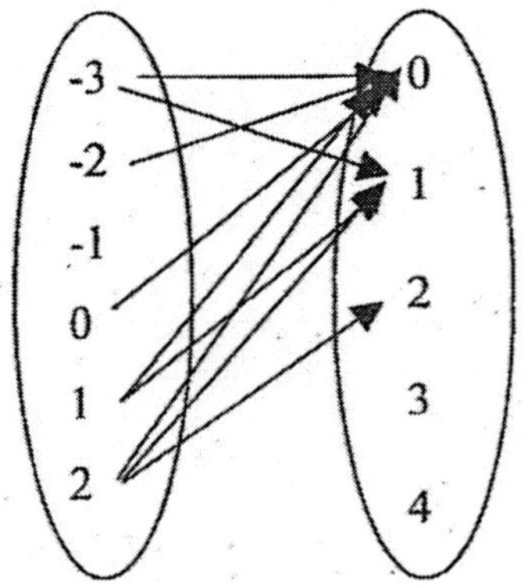

Koordinatendiagramm

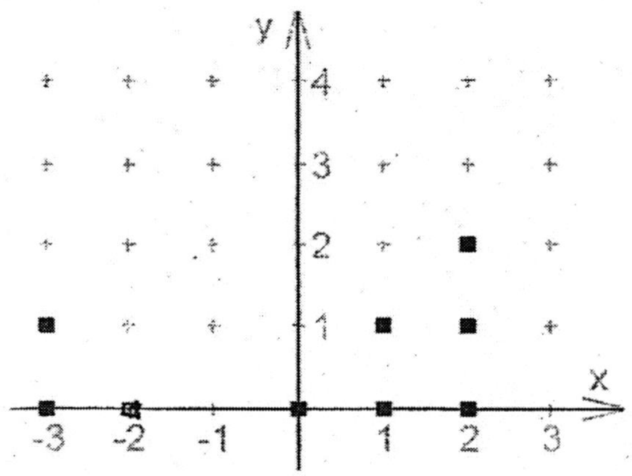

c) Definitionsmenge **D = {−3; −2; 0; 1; 2)** Wertemenge **W = {0; 1; 2)**

d) **Nein**, es handelt sich nicht um eine Funktion, da einem x-Wert aus der Definitionsmenge mehrere y-Werte aus der Wertemenge zugeordnet sind (z.B. für x = 2)

Aufgabe 2

Tipps und Hinweise

- Nullstelle: y = 0 setzen
- Schnittpunkt mit der y-Achse: Kannst du aus der Gleichung ablesen, da x = 0 gelten muss
- Du solltest auf jeden Fall wissen, wie man mit zwei Punkten eine Geradengleichung errechnet. Punkt-Steigung-Formel: $y = mx + t$ mit $m = \frac{y_2 - y_1}{x_2 - x_1}$
- Keine Angst bzgl. der Parallelverschiebung. Du unterwirfst einen Punkt der Parallelverschiebung, indem du zur x-Koordinaten den x-Wert des Verschiebungsvektors addierst und zur y-Koordinate den y-Wert
- Die Steigung verändert sich bei der Parallelverschiebung nicht. In dieser Lösung wurde der Punkt A, der ja ∈ g ist, der Parallelverschiebung unterworfen. Du hättest aber auch einen anderen Punkt ∈ g abbilden können, z.B. T oder N

Lösung
Schulaufgabe
1.2

a)

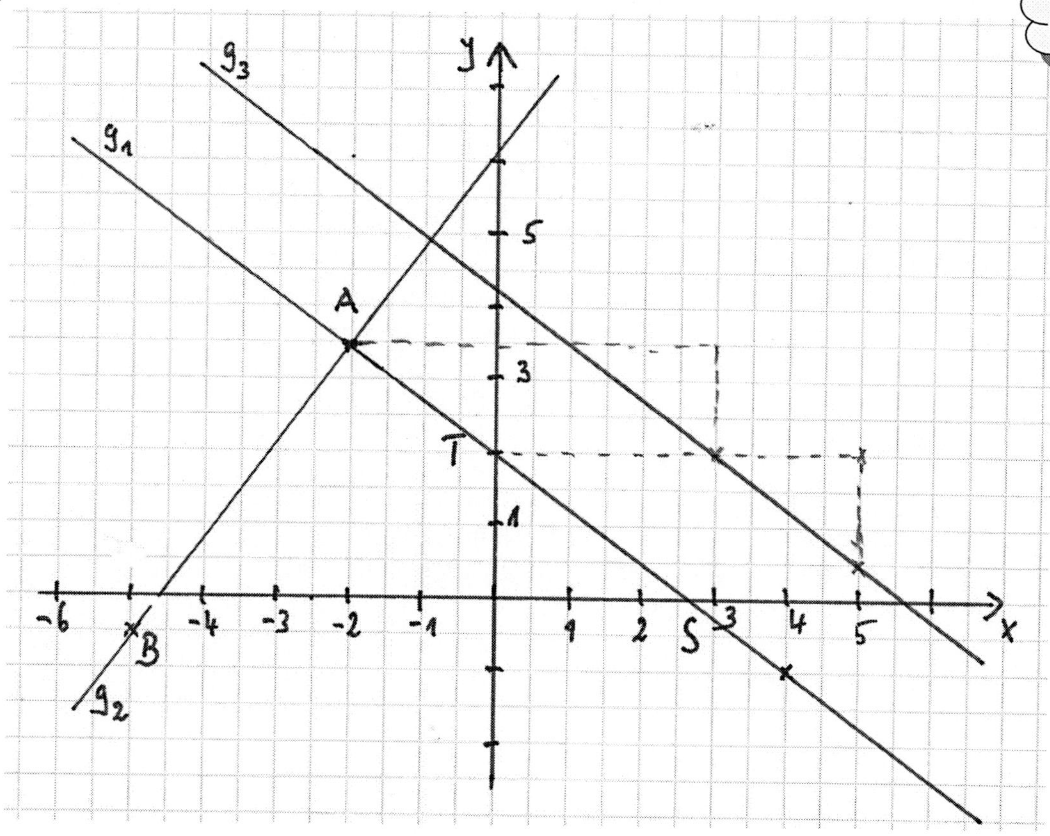

b) Nullstelle, d.h. y = 0 ⇒ $0 = -\frac{3}{4}x + 2$ ⇒ $\frac{3}{4}x = 2$ ⇒ $x = \frac{8}{3} = 2\frac{2}{3}$ **$S(2\frac{2}{3}|0)$**

Schnittpunkt mit der y-Achse, d.h. x = 0 ⇒ y = 2 **T(2|0)**

c) $A(-2|3{,}5) \in g_1$? Koordinaten von A in g_1 einsetzen

$y = -\frac{3}{4}x + 2$ ⇒ $3{,}5 = -\frac{3}{4} \cdot (-2) + 2 = \frac{3}{2} + 2 = 3{,}5$ ⇒ **Ja, $A \in g_1$**

d) $A(-2|3{,}5)$; $B(-5|-0{,}5)$

$m_2 = \frac{y_2 - y_1}{x_2 - x_1} = \frac{-0{,}5 - 3{,}5}{-5-(-2)} = \frac{4}{3}$

Da $m_1 \cdot m_2 = -\frac{3}{4} \cdot \frac{4}{3} = -1$ ⇒ g_1 und g_2 sind zueinander senkrecht

$y = \frac{4}{3}x + t_2$ z.B. $A(-2|3{,}5)$ einsetzen $3{,}5 = \frac{4}{3} \cdot (-2) + t_2$ ⇒ $t_2 = 3{,}5 + \frac{8}{3} = 6\frac{1}{6}$

Gleichung g_2: **$y = \frac{4}{3}x + 6\frac{1}{6}$**

e) g_3 hat wegen der Parallelverschiebung die gleiche Steigung wie g_1, also $m_3 = -\frac{3}{4}$

$y = -\frac{3}{4}x + t_3$

$A \xrightarrow{\vec{a}} A'$ liegt auf g_3, $A'(-2+5|3{,}5-1{,}5)$ ⇒ $A'(3|2)$

Punkt A' zur Bestimmung von t_3 einsetzen:

$2 = -\frac{3}{4} \cdot 3 + t_3$ ⇒ $t_3 = \frac{17}{4} = 4\frac{1}{4}$

g_3: **$y = -\frac{3}{4}x + 4\frac{1}{4}$**

Lösung Schulaufgabe 1.2

Aufgabe 3

Tipps und Hinweise

- Bringe die Geradengleichungen in Normalform y = mx +t, dann kannst du m und t gleich ablesen.
- Achtung: Es wäre sehr umständlich, den Flächeninhalt mit den Längen g und h zu berechnen. Sinnvoller ist es mit Vektoren zu rechnen.
- Denke daran: $\overrightarrow{AB} = \vec{B} - \vec{A}$ (Spitze minus Fuß)
- Zwei Vektoren a = $\begin{pmatrix} a_x \\ a_y \end{pmatrix}$ und b = $\begin{pmatrix} b_x \\ b_y \end{pmatrix}$ spannen eindeutig ein Dreieck auf. Für den Flächeninhalt eines solchen Dreiecks gilt:
  $A = \frac{1}{2}\begin{vmatrix} a_x & b_x \\ a_y & b_y \end{vmatrix}$ FE $= \frac{1}{2} \cdot (a_x \cdot b_y - a_y \cdot b_x)$ FE
- Der Flächeninhalt ist immer positiv. Gegebenenfalls muss der Betrag genommen werden.
- Eine Geradenschar ist eine Geradengleichung mit zumindest einem Parameter. In d) soll m konstant sein, der Parameter ist t.
- Das Einzeichnen der Parallelen durch T kannst du mit dem Geodreieck machen. Aber Achtung, das Geodreieck ist zu kurz, du musst eine Hilfslinie einzeichnen.
  Alternative: Trage in T ein Steigungsdreieck ein. So bekommst du die Parallele.

a) Normalform der Geraden

g_1: $y = 2x + 4{,}5$ $\Rightarrow m_1 = 2$ und $t_1 = 4{,}5$

g_2: $y = -\frac{1}{6}x - 2$ $\Rightarrow m_2 = -\frac{1}{6}$ und $t_2 = -2$

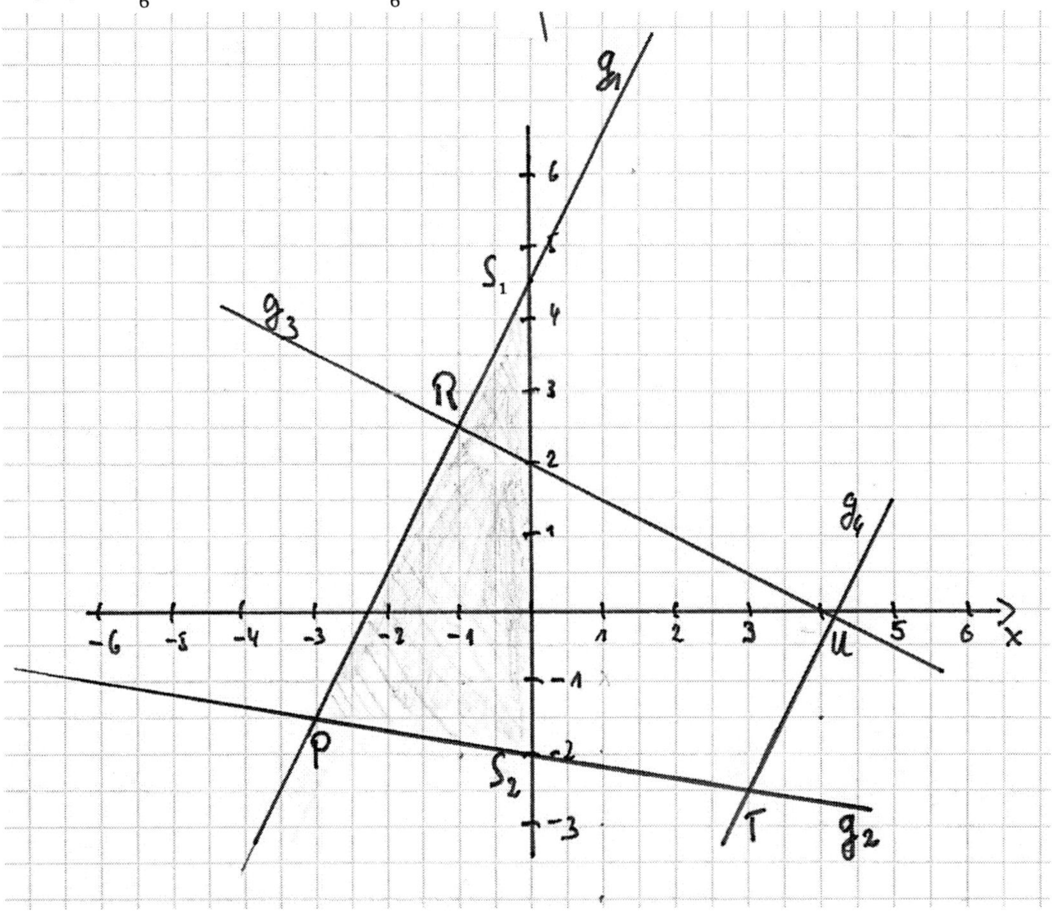

P(−3|−1,5) durch Ablesen

Lösung
Schulaufgabe
1.2

b) Die Eckpunkte des Dreiecks sind $S_1(0|4,5)$, $S_2(0|-2)$ und $P(-3|-1,5)$

$\overrightarrow{PS_1} = \overrightarrow{S_1} - \overrightarrow{P} = \begin{pmatrix}0\\4,5\end{pmatrix} - \begin{pmatrix}-3\\-1,5\end{pmatrix} = \begin{pmatrix}3\\6\end{pmatrix}$

$\overrightarrow{PS_2} = \overrightarrow{S_2} - \overrightarrow{P} = \begin{pmatrix}0\\-2\end{pmatrix} - \begin{pmatrix}-3\\-1,5\end{pmatrix} = \begin{pmatrix}3\\-0,5\end{pmatrix}$

$A = 0,5 \cdot \begin{vmatrix}3 & 3\\6 & -0,5\end{vmatrix} = 0,5 \cdot (-1,5 - 18) = 0,5 \cdot (-19,5) = -9,75$

Der Flächeninhalt beträgt **9,75 FE**

c) g_1 ist senkrecht zu $g_3 \Leftrightarrow m_1 \cdot m_3 = -1$, also $m_3 = -\frac{1}{m_1} = -\frac{1}{2}$

$y = -\frac{1}{2}x + t_3$ $\quad$ $R(-1|2,5)$ einsetzen $\Rightarrow 2,5 = -0,5 \cdot (-1) + t_3$ $\quad \Rightarrow t_3 = 2$

g_3:: $\mathbf{y = -0,5x + 2}$

d) $\mathbf{y = 2x + t}$ ist die Schargleichung

e) Das Viereck R, P, T, U ist ein Trapez. $A = 0,5 \cdot (a + c) \cdot h$

$a = \overline{PR} = 4,5$ cm; $\quad c = \overline{TU} = 2,6$ cm und $h = 5,8$ cm durch Ablesen

Dann ist $\mathbf{A} = 0,5 \cdot (4,5 + 2,6) \cdot 5,8 = \mathbf{20,59\ cm^2}$

Aufgabe 4

Tipps und Hinweise

- zu a) Die Verkürzung kann maximal für die Hälfte der Diagonalenlänge [AC] vorgenommen werden. $x_{Max} < 3$ cm. Um überhaupt eine Veränderung durchzuführen, muss $x > 0$ sein.
- zu b) Der Flächeninhalt einer Raute ist $A = 0,5 \cdot e \cdot f$, wobei e und f die Diagonalen sind.
- zu d) Bringe die Gleichung auf die (Scheitel)-Form $A(x) = m \cdot (x - x_s)^2 + y_s$.
  Dabei gibt x_s den x-Wert an, für welchen der Extremwert (Max oder Min) erreicht wird.
  y_s gibt den maximalen oder minimalen Flächeninhalt an und falls $m < 0$, handelt es sich um ein Maximum und für $m > 0$ um ein Minimum.
- Für Interessierte: A(x) stellt die Scheitelform ein Parabelgleichung dar. Der Scheitelpunkt ist das Max oder Min der Parabel. – Ist Stoff der 10. Klasse.

a) $\mathbf{x \in (0; 3)}$

b) $\overline{A'C'} = 6 + 2 \cdot 2 = 10$ cm $\qquad \overline{B'D'} = 9 - 2 \cdot 2 = 5$ cm

$A = 0,5 \cdot 10 \cdot 5 = \mathbf{25\ cm^2}$

c) $A(x) = 0,5 \cdot (6 + 2x) \cdot (9 - 2x) = (3 + x) \cdot (9 - 2x) = 27 - 6x + 9x - 2x^2 = \mathbf{-2x^2 + 3x + 27}$

d) Quadratische Ergänzung:

$A(x) = -2 \cdot (x^2 - 1,5\,x) + 27 = -2 \cdot (x^2 - 1,5x + 0,75^2 - 0,75^2) + 27$

$= -2 \cdot ([x - 0,75]^2 - 0,5625) + 27 = -2 \cdot [x - 0,75]^2 + 1,125 + 27$

$= -2 \cdot [x - 0,75]^2 + 28,125$

$\Rightarrow$ Für $\mathbf{x = 0,75}$ wird der Flächeninhalt maximal mit $\mathbf{A_{Max} = 28,125\ cm^2}$

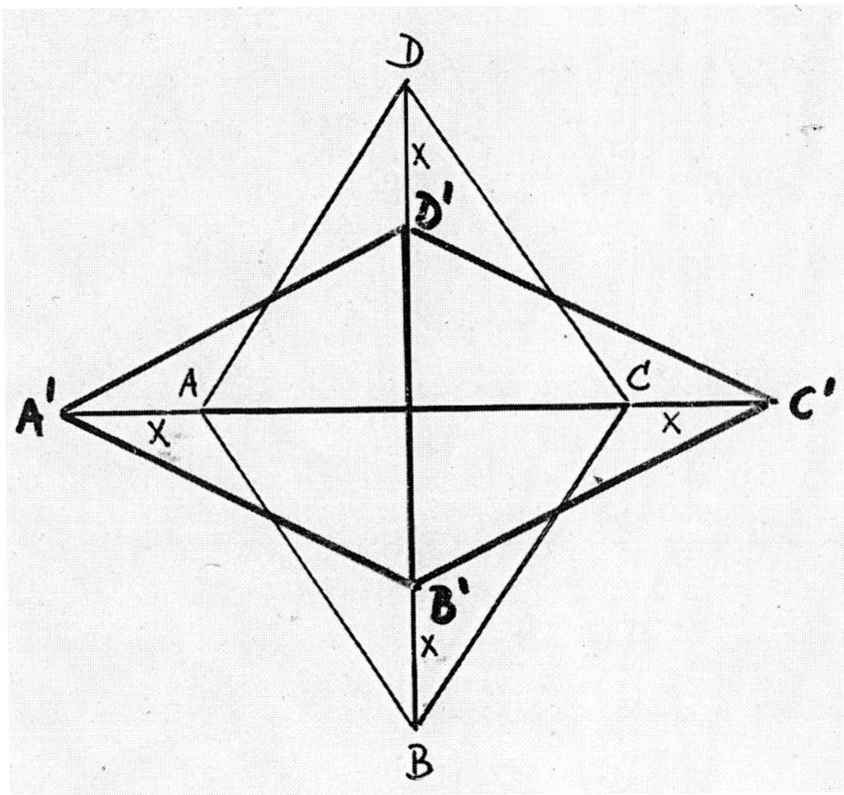

Aufgabe 5

Gegeben: $A = 36\ cm^2$, $U = 18\ cm$, $b = 3\ cm$
Gesucht: a, h_a und h_b
Flächeninhalt Parallelogramm $A = g \cdot h$ oder $A = a \cdot h_a$ oder $A = b \cdot h_b$

$U = 2a + 2b \quad \Rightarrow 18 = 2a + 2 \cdot 3 \quad \Rightarrow 2a = 12 \quad \Rightarrow \mathbf{a = 6\ cm}$
$A = a \cdot h_a \quad \Rightarrow 36 = 6 \cdot h_a \quad \Rightarrow \mathbf{h_a = 6\ cm}$
$A = b \cdot h_b \quad \Rightarrow 36 = 3 \cdot h_b \quad \Rightarrow \mathbf{h_b = 12\ cm}$

Aufgabe 6

Tipps und Hinweise
Bei einem rechtwinkligen Dreieck ist $A = 0{,}5 \cdot Kathete_1 \cdot Kathete_2$, d.h. eine Kathete ist die Höhe zu der anderen Kathete.

Gegeben: $a_\Delta = 6\ cm$; $b_\Delta = 4{,}5\ cm$
$a_{Trapez} = 4\ cm$, $b_{Trapez} = 4{,}5\ cm$ und $A_\Delta = A_{Trapez}$

$A_{Trapez} = 0{,}5 \cdot (a + c) \cdot h$, wobei $a = 4\ cm$ und $h = 4{,}5\ cm$
$A_{Dreieck} = 0{,}5 \cdot 6 \cdot 4{,}5 = 13{,}5\ cm^2$
$13{,}5 = 0{,}5 \cdot (4 + c) \cdot 4{,}5 \quad \Leftrightarrow \quad 13{,}5 = 2{,}25 \cdot (4 + c) \quad |: 2{,}25$
$6 = 4 + c \quad \mathbf{c = 2\ cm}$

Gesamtpunkte: **40**

Punkte	40- 37	36-30	29 - 23	22 - 14	13 - 4	3 - 0
Note	1	2	3	4	5	6

2. Schulaufgabe aus der Mathematik

Aufgabe 1

a) Gegeben ist folgendes lineare Gleichungssystem:

I. $4x - 2y = 33$
II. $5x + 2y = 7{,}5$

Welche Lösungsmethode ist hier besonders günstig? Begründe deine Wahl und ermittle die Lösungsmenge mit dieser günstigen Methode.

b) Löse das folgende lineare Gleichungssystem mit dem Einsetzungsverfahren:

I. $y - x = -1{,}44$
II. $3y + 0{,}6x = 0$

c) Gegeben ist folgendes lineare Gleichungssystem:

I. $x + \frac{1}{2}a - y = 0$
II. $-3x + 6 + 3y = 0$

Wie muss man den Wert a wählen, damit das Gleichungssystem unendlich viele Lösungen hat?

Aufgabe 2

Gegeben sind zwei Geraden mit den Gleichungen:
g_1: $y = 3x - 8$ und g_2: $y = x + a$
a) Bestimme a so, dass der Schnittpunkt der Graphen die x-Koordinate $x_s = 5$ hat!
b) Bestimme die y-Koordinate des Schnittpunktes!

Aufgabe 3

Welche der folgenden Zahlen sind irrational, welche sind rational?
Begründe deine Antwort durch eine geeignete Vereinfachung des Ausdrucks oder durch eine kurze Erläuterung!

a) $\sqrt{1{,}6}$

b) $\sqrt{1\frac{7}{9}}$

c) $\sqrt{\frac{9}{49}}$

d) $\frac{\sqrt{3}}{3}$

Aufgabe 4

Vereinfache so weit wie möglich!
Rational machen des Nenners und teilweises Radizieren sind Pflicht!
Alle Variablen sind positiv.

a) $\frac{6a}{2+\sqrt{7}}$

b) $\sqrt{8000 \cdot x^3 \cdot y^6}$

c) $\sqrt{a} \cdot \left(\sqrt{a^2 b} - a\sqrt{b} + \sqrt{b}\right) - \sqrt{4a^2 + 4b^2}$

Aufgabe 5

Bestimme, für welche Werte von x der Term definiert ist!

a) $\sqrt{8 - 2x}$

b) $\sqrt{\frac{1}{x^6}}$

Aufgabe 6

Beim Wurf eines bestimmten Reißnagels ist die Wahrscheinlichkeit für „Kopf" gleich 0,25 ist und die für „Spitze" 0,75. Der Reißnagel wird 2-mal geworfen.
Kreuze an, mit welchem Zufallsexperiment(en) du den doppelten Reißnagelwurf simulieren kannst.

	Zufallsexperiment	Richtig	Falsch
A	Du ziehst 2 Kugeln aus einer Urne mit 3 schwarzen und 1 weißen Kugel ohne Zurücklegen.		
B	Du ziehst 2 Kugeln aus einer Urne mit 3 schwarzen und 1 weißen Kugel mit Zurücklegen.		
C	Du drehst ein Glücksrad mit vier gleich großen Sektoren.		
D	Du wirfst eine Münze viermal.		
E	Du drehst ein Glücksrad mit 12 gleichen Sektoren, von denen 3 die Farbe Grün und 9 die Farbe Rot besitzen.		

Aufgabe 7

In einem Behälter sind 3 blaue und 4 weiße Kugeln. Gabi schlägt Lissi folgendes Spiel vor:

> „Du darfst verdeckt nacheinander zwei Kugeln ziehen, ohne die zuerst gezogene Kugel in den Behälter zurückzulegen. Du gewinnst, wenn die beiden Kugeln die gleiche Farbe haben, sonst gewinne ich."

Zeichne ein Baumdiagramm und berechne die Gewinnchancen von Gabi und Lissi und vergleiche diese.

Aufgabe 8

a) Bilde das Dreieck ABC mit A(7|0), B(10|7) und C(3|6) durch zentrische Streckung mit Z(1|2) als Zentrum und $k = -0{,}5$ als Streckungsfaktor ab.
Ermittle zeichnerisch die Bildpunkte A', B' und C'. $-4 \leqq x \leqq 11;\ -1 \leqq y \leqq 8$

b) Berechne mit Hilfe der Abbildungsvorschrift $\overrightarrow{ZP'} = k \cdot \overrightarrow{ZP}$ die Koordinaten des Punktes A'.

c) Berechne den Flächeninhalt des Dreiecks ABC und dann mit Hilfe des Streckungfaktors k den Flächeninhalt des Bilddreiecks A'B'C'.

Viel Erfolg!

Lösung Schulaufgabe 2.1

Lösung
Schulaufgabe
2.1

zu Aufgabe 1

Klassische Aufgaben zum Thema „Lineare Gleichungssysteme“. Alle Besonderheiten wie „keine Lösung“ oder „unendliche viele Lösungen“ kommen zur Anwendung. Die Aufgaben sind anspruchsvoll, du brauchst schon einen guten Durchblick.

zu Aufgabe 2

Der Themenbereich „Lineare Funktionen“ wird durch diese Aufgabe nur teilweise behandelt. Die Bestimmung von Schnittpunkten ist hier im Mittelpunkt und bedeutet ja gerade das Lösen eines Gleichungssystems.

zu Aufgabe 3

Die Lernthemen „Quadratwurzeln“ und „irrationale Zahlen“ sind für das weitere Verständnis maßgebend. Hier handelt es sich um eine relativ leichte Umformungsaufgabe. Solche Aufgaben kommen in nahezu jeder Schulaufgabe vor.

zu Aufgabe 4

Auch das Umformen und Vereinfachen solcher Terme gehört zum absoluten Standard. Der Aufgabentyp zum Anwenden der 3. Binomischen Formel beim „Nenner rational machen“ sind fast so sicher in Schulaufgaben wie das Amen in der Kirche.

zu Aufgabe 5

Achtung: Probleme bei der Bestimmung der Definitionsmenge findest du immer bei Wurzeln und bei Brüchen. Der Radikand darf nie negativ werden. Im Nenner darf nie 0 stehen.

zu Aufgabe 6

Simulation von Zufallsexperimenten. Das Wissen aus dem Gebiet der Nachahmung von Zufallsexperimenten wird an einer einfachen Aufgabe geprüft. Es geht dabei mehr um das Verständnis als um rechnerische Fähigkeiten.

zu Aufgabe 7

Anspruchsvolle Aufgabe zum Thema „mehrstufige Zufallsexperimente“. Sollte vorher gut geübt worden sein.

zu Aufgabe 8

Machbare Standard-Aufgabe bzgl. der zentrischen Streckung. Solltest du leicht lösen, wenn du die wenigen Lerninhalte kennst. Allerdings musst du in Teilaufgabe c) die Flächenberechnung mit Hilfe der Vektorrechnung durchführen. Das wird auch in der Abschlussprüfung verlangt.

Fazit

Diese Schulaufgabe ist recht anspruchsvoll. Lediglich die Aufgaben 2, 3 und 8 sind reines *doing.* Bei den anderen Aufgabe musst du schon überlegen.

mögliche Punkteverteilung

Aufgabe	1a	1b	1c	2a	2b	3a	3b	3c	3d	4a	4b	4c	5a	5b	6	7	8a	8b	8c	
Punkte	2	2	2	2	2	1	1	1	1	2	2	2	2	2	3	3	2	2	3	**37**

Lösung Schulaufgabe 2.1

Aufgabe 1

Hinweise und Tipps

- Die Lösung schreibt man entweder in der Mengenschreibweise: $L = \{(x \mid y)\}$ oder nur $(x \mid y)$
- Achtung: Bei Gleichungssystemen mit unendlich vielen Lösungen wird oft die exakte Schreibweise verlangt: $L = \{ (x \mid y) \mid y = ax + b \}$ siehe Aufgabe c)
- zu b) Du kannst in der Gleichung II. die Äquivalenzumformung $\mid : 3$ durchführen. Das erspart dir Arbeit.
- zu c) Gleichung I. wird mit -3 erweitert, um möglichst viele Übereinstimmungen bei den Koeffizienten in I. und II. zu erzielen.

a) Die günstigste Lösungsmethode ist hier die Additionsmethode.
Begründung: Die Variablen stehen bereits geordnet untereinander. Die Koeffizienten einer Variablen (hier y) sind bis auf das Vorzeichen gleich.

I. $4x - 2y = 33$ I. und II. addieren
II. $5x + 2y = 7{,}5$

I. $4x - 2y = 33$ $\mid -4x$
II. $9x = 40{,}5$ $\mid : 9$

I. $-2y = -4x + 33$ $\mid : (-2)$
II. $x = 4{,}5$

I. $y = 2x - 16{,}5$
II. $x = 4{,}5$

$x = 4{,}5$ in I. eingesetzt führt zu
$y = 2 \cdot 4{,}5 - 16{,}5 = -7{,}5$
$y = -7{,}5$

$L = \{(4{,}5; -7{,}5)\}$

b) I. $y - x = -1{,}44$ $\mid$ nach y auflösen (Einsetzmethode)
II. $3y + 0{,}6x = 0$ $\mid : 3$

I. $y = x - 1{,}44$
II. $y + 0{,}2x = 0$

$y = x - 1{,}44$ in II. einsetzen und nach x auflösen:

$x - 1{,}44 + 0{,}2x = 0$
$1{,}2x = 1{,}44$
$x = 1{,}2$

$x = 1{,}2$ in I. einsetzen:
$y = 1{,}2 - 1{,}44 = -0{,}24$

$L = \{ (1{,}2 \mid -0{,}24) \}$

Lösung
Schulaufgabe
2.1

c) I. $x+\frac{1}{2}a-y=0$

II. $-3x+6+3y=0$

Damit das Gleichungssystem unendlich viele Lösungen besitzt, müssen beide Gleichungen identisch sein.

I. $-3x-1{,}5a+3y=0$
II. $-3x+\ 6\ +3y=0$

Der Wert für a kann nun leicht bestimmt werden:
$-1{,}5a=6$; d.h. $a=-4$

Das Gleichungssystem lautet nun:
I. $x-2-y=0$
II. $-3x+6+3y=0$

Beschreibung der Lösungsmenge:
I. (oder auch II.) nach y aufgelöst ergibt: $y=x-2$
$L=\{\,(x\mid y)\mid y=x-2\,\}$

Aufgabe 2

Hinweise und Tipps

- Zur Bestimmung der Schnittpunkte zweier Funktionen werden die y-Werte gleich gesetzt.
- Zwei Gerade können maximal einen Schnittpunkt haben.
- zu a) Schnelleres Rechnen erreichst du, wenn du $x=5$ so früh wie möglich einsetzt.
- zu b) Du erhältst das gleiche Ergebnis für y, falls du $x_s=5$ in g_1 oder g_2 einsetzt.

a) Bestimmung des Schnittpunkts: y-Werte gleichsetzen

$3x-8=x+a \quad |-x+8$
$2x\quad =a+8 \quad |:2$
$x\quad =0{,}5a+4$

Jetzt soll $x_s=5$ sein, also $x_s=5$ einsetzen:

$5=0{,}5a+4 \quad |-4$
$0{,}5a=1 \quad |:0{,}5$
$a=2$

Schnellere Variante: (Gleich am Anfang $x_s=5$ einsetzen)

$3\cdot5-8=5+a \quad |$ ausrechnen
$7=5+a \quad |-5$
$2=a$

b) $x_s=5$ z.B. in g_1 einsetzen:
$y=3\cdot5-8=7$
Der Schnittpunkt ist $S(5\mid7)$

Aufgabe 3

Hinweise und Tipps

- zu a) Achtung: Beliebte Falle: Der Radikand (unter der Wurzel) scheint eine vermeintliche Quadratzahl zu sein. 16 ist eine Quadratzahl, aber nicht die Dezimalzahl 1,6.
- zu b) Hier ist der Radikand ein gemischter Bruch. Wandle den Bruch in einen unechten Bruch um. In dieser Aufgabe ist dann der Zähler und der Nenner jeweils eine Quadratzahl.
- zu d) Der Nenner ist bereits rational. Es gibt keine vernünftige Möglichkeit den Bruch umzuformen.

a) $\sqrt{1{,}6}$ ist eine irrationale Zahl. Es gilt $4^2 = 16$ und $0{,}4^2 = 0{,}16$. Aber zu 1,6 existiert keine rationale Wurzelzahl.

b) $\sqrt{1\frac{7}{9}}$ ist eine rationale Zahl. $\sqrt{1\frac{7}{9}} = \sqrt{\frac{16}{9}} = \frac{4}{3}$

c) $\sqrt{\frac{9}{49}} = \frac{3}{7}$ ist eine rationale Zahl.

d) $\frac{\sqrt{3}}{3}$ ist eine irrationale Zahl. Der Bruch lässt sich nicht weiter vereinfachen. $\sqrt{3}$ ist eine irrationale Zahl und damit der gesamte Term.

Aufgabe 4

Hinweise und Tipps

- zu a) Ist im Nenner einer der Summanden irrational, so erweitere den Bruch mittels der 3. Binomischen Formel $(a + b) \cdot (a - b) = a^2 - b^2$
  Beliebte Fehlerquelle: Vergiss nicht Klammern zu setzen!
- zu b) Aufgepasst! 8000 ist keine Quadratzahl. Faktorisiere die Zahl so, dass du möglichst viele Faktoren erhältst, die Quadratzahlen sind. Lerne das große 1x1 bis 20!
  (Hier $80 = 5 \cdot 16$)!
- zu c) Radiziere so früh wie möglich!

a) $\frac{6a}{2+\sqrt{7}} = \frac{6a\cdot(2-\sqrt{7})}{(2+\sqrt{7})\cdot(2-\sqrt{7})} = \frac{6a\cdot(2-\sqrt{7})}{4-7} = \frac{6a\cdot(2-\sqrt{7})}{-3} = -2a \cdot (2 - \sqrt{7})$

b) $\sqrt{8000 \cdot x^3 \cdot y^6} = \sqrt{80 \cdot 100 \cdot x^2 \cdot x \cdot y^6} = 10 \cdot x \cdot y^3 \cdot \sqrt{16 \cdot 5 \cdot x} = 40 \cdot x \cdot y^3 \cdot \sqrt{5x}$

c) $\sqrt{a} \cdot (\sqrt{a^2 b} - a\sqrt{b} + \sqrt{b}) - \sqrt{4a^2 + 4b^2} = a \cdot \sqrt{a \cdot b} - a \cdot \sqrt{a \cdot b} + \sqrt{a \cdot b} - \sqrt{4 \cdot (a^2 + b^2)} =$
$\sqrt{ab} - 2\sqrt{a^2 + b^2}$

Aufgabe 5

Hinweise und Tipps

- zu a) Der hier gezeigte Lösungsweg erfolgt mittels Lösen einer Ungleichung. Pragmatischer Weg: Überlege an welcher Stelle der Radikand Null wird.
- Beliebte Fehlerquelle: Vergiss nicht Klammern zu setzen!
- Bei Multiplikation oder Division beider Seiten einer Ungleichung ändert sich die Richtung des Ungleichheitszeichen.

a) $\sqrt{8 - 2x}$
8 ⍰ 2x ≧ 0 | ⍰ 8 ⇔ ⍰2x ≧ ⍰8 | :(⍰2) ⇔ x ≦ 4
$\mathbb{D} = \{x \in \mathbb{R} \mid x \leqq 4\}$

b) $\sqrt{\frac{1}{x^6}}$ $\mathbb{D} = \{x \in \mathbb{R} \mid x \neq 0\}$

Lösung Schulaufgabe 2.1

Aufgabe 6

Hinweise und Tipps

- zu A und B) Da bei jedem Wurf eines Reißnagels die Wahrscheinlichkeiten immer gleich bleiben, handelt es sich um ein Ziehen *mit* Zurücklegen. Das Ziehen einer weißen Kugel entspricht dann „Kopf" beim Reißnagelwurf und eine schwarze Kugel „Spitze".
- zu C) Die Sektoren unterscheiden sich nicht, deshalb kann der Reißnagelwurf so nicht simuliert werden. Möglich wäre dies, falls die von den vier Sektoren einer weiß wäre und die anderen nicht.
  zu D) Der Münzwurf zeigt mit 0,5 Wappen oder Zahl an und repräsentiert so nicht die gesuchten Wahrscheinlichkeiten 0,25 und 0,75.
- Bei jedem Drehen bleibt die Wahrscheinlichkeit für „Grün" gleich $\frac{3}{12} = 0{,}25$ und $\frac{9}{12} = 0{,}75$, was dem „Reißnagelwurf" entspricht.

	Zufallsexperiment	Richtig	Falsch
A	Du ziehst 2 Kugeln aus einer Urne mit 3 schwarzen und 1 weißen Kugel ohne Zurücklegen.		X
B	Du ziehst 2 Kugeln aus einer Urne mit 3 schwarzen und 1 weißen Kugel mit Zurücklegen.	X	
C	Du drehst ein Glücksrad mit vier gleich großen Sektoren.		X
D	Du wirfst eine Münze viermal.		X
E	Du drehst ein Glücksrad mit 12 gleichen Sektoren, von denen 3 die Farbe Grün und 9 die Farbe Rot besitzen.	X	

Aufgabe 7

Hinweise und Tipps

- Denke daran, Lissi führt alleine das Zufallsexperiment durch. Gabi schaut zu.
- Mit Hilfe eines Baumdiagramms und der 2. Pfadregel bestimmst du die Gewinnchancen von Lissi.
- Denke daran, durch Aufstellen des Gegenereignisses kannst du dir viel Rechnung und damit Zeit sparen $P(A) = 1 - P(\overline{A})$.

B = Es wird eine blaue Kugel gezogen; W = es wird eine weiße Kugel gezogen.

P(„Lissi gewinnt") = P(„BB") + P(„WW") = $\frac{3}{7} \cdot \frac{2}{6} + \frac{4}{7} \cdot \frac{3}{6} = \frac{1}{7} + \frac{2}{7} = \frac{3}{7}$

„Gabi gewinnt", das ist das Gegenereignis zu „Lissi gewinnt".

P(„Gabi gewinnt") = 1 – P(„Lissi gewinnt") = $1 - \frac{3}{7} = \frac{4}{7}$

Also, die Gewinnchancen von Gabi sind höher als die von Lissi.

Lösung Schulaufgabe 2.1

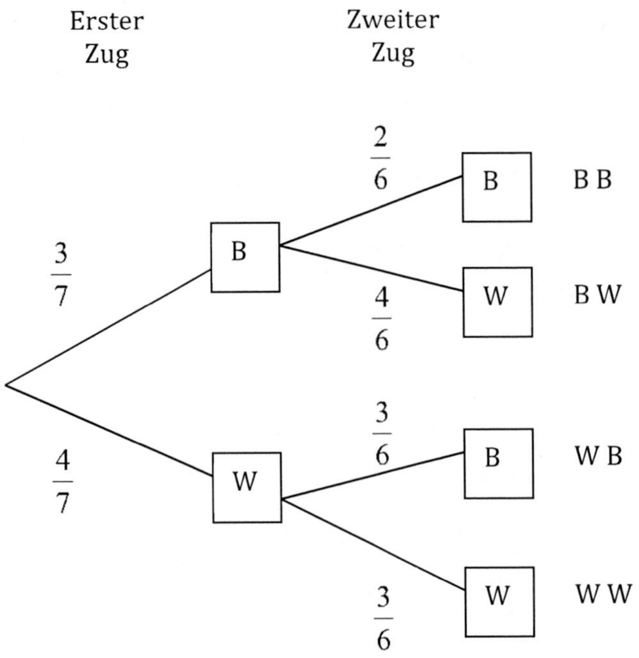

Aufgabe 8

Tipps und Hinweise

- zu c) Achtung: Es wäre sehr umständlich, den Flächeninhalt mit den Längen g und h zu berechnen. Sinnvoller ist es mit Vektoren zu rechnen.
- Denke daran: $\overrightarrow{AB} = \vec{B} - \vec{A}$ (Spitze minus Fuß)
- Zwei Vektoren $a = \begin{pmatrix} a_x \\ a_y \end{pmatrix}$ und $b = \begin{pmatrix} b_x \\ b_y \end{pmatrix}$ spannen eindeutig ein Dreieck auf. Für den Flächeninhalt eines solchen Dreiecks gilt:
  $A = \frac{1}{2}\begin{vmatrix} a_x & b_x \\ a_y & b_y \end{vmatrix}$ FE $= \frac{1}{2} \cdot (a_x \cdot b_y - a_y \cdot b_x)$ FE
- Nehme als aufspannende Vektoren z.B. $\overrightarrow{AB}$ und $\overrightarrow{AC}$
- Es gilt $A' = k^2 \cdot A$

b) Es ist $\overrightarrow{ZA'} = k \cdot \overrightarrow{ZA} \Leftrightarrow \vec{A'} - \vec{Z} = -0{,}5 \cdot (\vec{A} - \vec{Z}) \Leftrightarrow \vec{A'} = -0{,}5 \cdot \vec{A} + 1{,}5 \cdot \vec{Z}$

$\vec{A'} = \begin{pmatrix} -3{,}5 \\ 0 \end{pmatrix} + \begin{pmatrix} 1{,}5 \\ 3 \end{pmatrix} = \begin{pmatrix} -2 \\ 3 \end{pmatrix}$, d.h. **A(−2|3)**

c) $\overrightarrow{AB} = \vec{B} - \vec{A} = \begin{pmatrix} 10-7 \\ 7-0 \end{pmatrix} = \begin{pmatrix} 3 \\ 7 \end{pmatrix}$ und $\overrightarrow{AC} = \vec{C} - \vec{A} = \begin{pmatrix} 3-7 \\ 6-0 \end{pmatrix} = \begin{pmatrix} -4 \\ 6 \end{pmatrix}$

$A = 0{,}5 \cdot (3 \cdot 6 - 7 \cdot (-4)) = 0{,}5 \cdot (18 + 28) = \mathbf{23\ FE}$

$\mathbf{A'} = (-0{,}5)^2 \cdot 23 = \mathbf{5{,}75\ FE}$

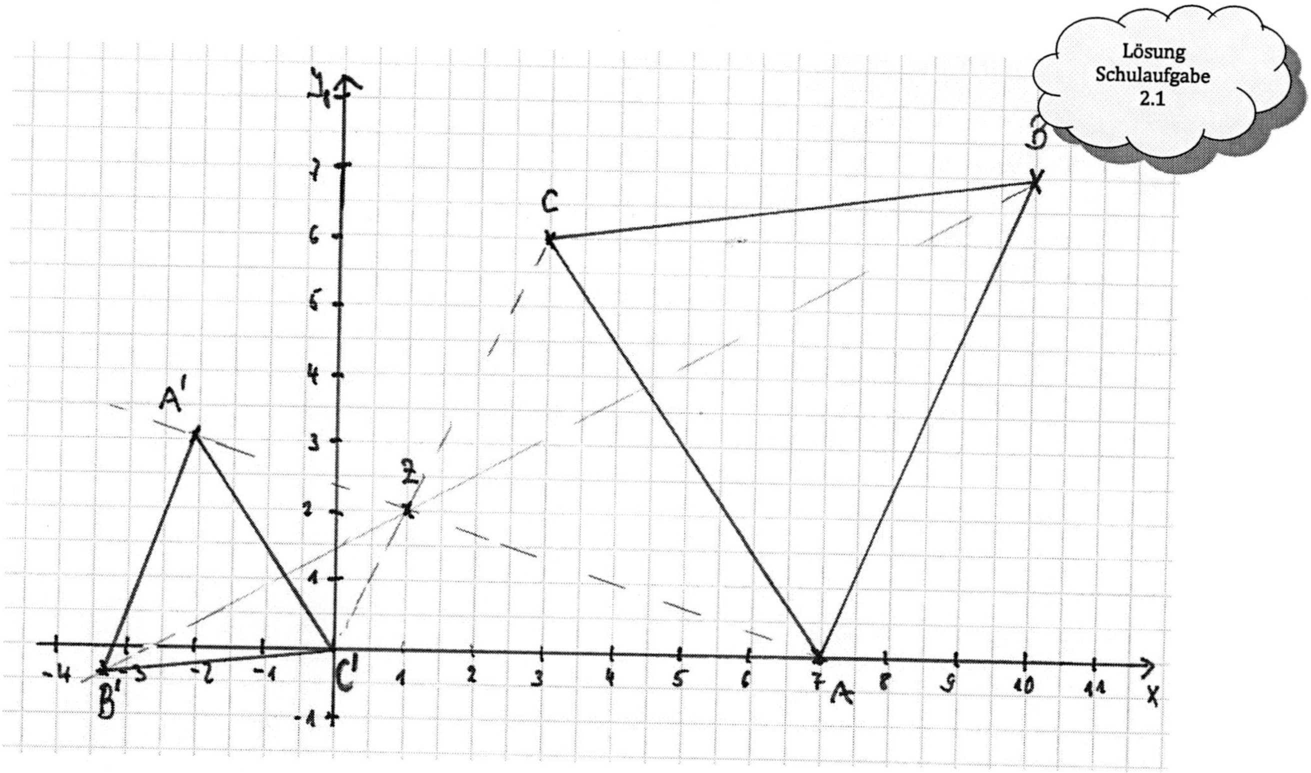

Gesamtpunkte: **37**

Punkte	37 - 33	32 - 27	26 - 21	20 - 14	12 - 5	4 - 0
Note	1	2	3	4	5	6

2. Schulaufgabe aus der Mathematik

Aufgabe 1

Die Gleichung $y = -\frac{2}{3}x + 3$ beschreibt eine Gerade g.

a) Ermittle die Schnittpunkte S und T dieser Geraden mit den Koordinatenachsen. Zeichne die Gerade mit Hilfe der Punkte S und T in ein Koordinatensystem (Einheit: 1 cm).

b) Gib die Gleichung der zu g senkrechten Geraden h an, die durch den Schnittpunkt der Geraden g mit der y-Achse verläuft. Zeichne h in das Koordinatensystem von a) ein.

c) Die Gleichungen der Geraden g und h bilden ein Gleichungssystem. Gib ohne Rechnung die Lösung des Gleichungssystems an.

d) Berechne den Schnittpunkt U der Geraden h mit der x-Achse und anschließend den Flächeninhalt A des Dreiecks UST.

e) Wie viel % der Gesamtfläche des Dreiecks UST liegt im 1. Quadranten?

Aufgabe 2

Gegeben ist das Gleichungssystem

I. $y = 0{,}5x + 1$
II. $-x + 2y - 6 = 0$

a) Begründe und zeige, dass man durch Umformung der Gleichung II. sofort erkennen kann, dass die Lösungsmenge die leere Menge ist.

b) Gegeben ist das Gleichungssystem

I. $y = 2x + t$
II. $y = mx - 4$; $m, t \in \mathbb{Q}$

Welche Werte können m und t annehmen, so dass das System

i) unendlich viele Lösungen bzw.

ii) dass es keine Lösung besitzt?

c) Bestimme für $m = 4$ und $t = 1$ die Lösungsmenge des Gleichungssystems aus b).

Aufgabe 3

In einem gleichschenkligen Dreieck ABC ein Basiswinkel um 12° größer als der Winkel an der Spitze.

Bestimme mit Hilfe eines linearen Gleichungssystems die Weiten der Dreieckswinkel.

Aufgabe 4

Kreuze an, in welchen Zahlenmengen die Zahlen enthalten sind:

	$\sqrt{225}$	$-\sqrt{44}$	0	$3{,}4\overline{71}$	$-\frac{81}{9}$	$\sqrt{\frac{48}{75}}$
$\mathbb{N}$	☐	☐	☐	☐	☐	☐
$\mathbb{Z}$	☐	☐	☐	☐	☐	☐
$\mathbb{Q}$	☐	☐	☐	☐	☐	☐
$\mathbb{R}$	☐	☐	☐	☐	☐	☐

Aufgabe 5

Mache den Nenner rational und vereinfache so weit wie möglich.

a) $\frac{2a}{3\sqrt{a}} + 2\sqrt{a}$

b) $\frac{39-3b}{\sqrt{b}+\sqrt{13}}$

Aufgabe 6

Gib die Definitionsmenge an und vereinfache so weit wie möglich:

a) $\sqrt{\frac{1}{(x-2)^2}}$

b) $\left(\sqrt{3-2x}\right)^2$

Aufgabe 7

In einem Behälter sind 10 Kugeln. Auf 3 dieser Kugeln steht der Buchstabe U, auf 2 der Buchstabe A, auf 2 der Buchstaben B und jeweils auf einer Kugel die Buchstaben G, H und S. Du ziehst 3 Kugeln aus der Urne, ohne dass du die Kugeln zurücklegst. Löse die Aufgabe mit Hilfe eines Baumdiagramms.

a) Wie groß ist die Wahrscheinlichkeit, dass das Wort „UHU" entsteht?
b) Wie groß ist die Wahrscheinlichkeit, dass das Wort „AHA" entsteht?
c) Wie groß ist die Wahrscheinlichkeit, dass das Wort „GUG" entsteht?

Aufgabe 8

Vier Freunde – Anton, Boris, Cäsar und David – räumen jeden Morgen ihr Zimmer auf, das sie während eines 5-tägigen Landschulaufenthaltes gemeinsam bewohnen.
Jeden Tag wird neu ausgelost, wer aufräumt. Dazu zieht jeder Junge eine von vier verdeckten Karten, von denen drei weiß sind und eine schwarz ist. Wer schwarz zieht, ist mit Aufräumen dran.
a) Ist es günstiger, als erster, als zweiter, als dritter oder als vierter zu ziehen?
b) Mit welcher Wahrscheinlichkeit kommt David während der 5 Tage gar nicht dran?

Aufgabe 9

Die Beliebtheit einer neuen Fernsehsendung wird untersucht. Folgende Ergebnisse der Umfrage werden veröffentlicht:

> „25 % der Zuschauer sind jünger als 20 Jahre; von diesen haben 70 % eine positive Meinung zur Sendung. Von den restlichen Zuschauern haben immerhin 40 % eine positive Meinung."

a) Bilde das Ergebnis der Umfrage mit Hilfe eines Baumdiagramms ab.
b) Mit welcher Wahrscheinlichkeit ist ein zufällig ausgewählter Zuschauer jünger als 20 Jahre und hat eine positive Meinung zur Sendung?
c) Mit welcher Wahrscheinlichkeit hat ein zufällig ausgewählter Zuschauer keine positive Meinung zur Sendung?

Aufgabe 10

Das Rechteck ABCD mit A(4|0), B(8|0) und C(8|4) wird durch zentrische Streckung mit dem Zentrum Z(2|2) und dem Streckungsfaktor k auf das Rechteck A'B'C'D' mit A'(1|3) abgebildet.

a) Zeichne die beiden Rechtecke in ein Koordinatensystem.
Zeige rechnerisch, dass der Streckungsfaktor $k = -0{,}5$ ist. Berechne die Koordinaten des Punktes B'.
Platzbedarf: $-3 < x < 9$; $-2 < y < 9$

b) Berechne den Flächeninhalt des Rechtecks A'B'C'D'. Welcher Zusammenhang besteht zwischen $A_{A'B'C'D'}$ und A_{ABCD}?

c) Mit welchem Streckungsfaktor würde das Rechteck A'B'C'D' auf das Rechteck ABCD abgebildet werden?

Viel Erfolg!

mögliche Punkteverteilung

Aufgabe	1a	1b	1c	1d	1e	2a	2b	2c	3	4	5a	5b	6a	6b	7a	7b	7c	8a	8b	9a	9b	9c	10a	10b	10c	
Punkte	2	2	1	2	1	2	2	2	3	3	2	2	2	2	1	1	1	2	2	2	2	2	2	2	1	**46**

Lösung Schulaufgabe 2.2

Lösung Schulaufgabe 2.2

zu Aufgabe 1 ✔

Diese Aufgabe beinhaltet alles, was ein Lehrerherz begehrt: Zeichnen von Geraden, Bestimmen der Geradengleichung von Geraden, die senkrecht zu einer anderen Geraden sind, Schnittstellenberechnung und der Zusammenhang mit einem linearen Gleichungssystem, Flächenberechnung und zum Schluss noch Prozente ausrechnen. Das ist die ganze Palette bzgl. des Themengebietes „Lineare Funktionen". Also, wenn du die Aufgabe verstehst, dann bist du gut für eine Schulaufgabe gewappnet.

zu Aufgabe 2 ✔

Bei dieser Aufgabe steht nicht das reine Lösen von Gleichungssystemen im Vordergrund, sondern deren Lösbarkeit. Es wird Wert auf die Vernetzung zwischen graphischer und rechnerischer Lösung gelegt. Eine Lösung bedeutet: Die entsprechenden Geraden schneiden sich; keine, die entsprechenden Geraden sind parallel und haben unendlich viele Lösungen. Die Geraden sind identisch.

zu Aufgabe 3 ✔

Viele Problemstellungen können durch ein System linearer Gleichungen treffend beschrieben werden. Das ist hier der Fall. Die Aufgabe ist ein Beispiel aus der Geometrie. Weitere solche Aufgaben sind „Mischungsaufgaben" und „Altersaufgaben".

zu Aufgabe 4

Einstiegsaufgabe bzgl. der Reellen Zahlen. Setzt klares Verständnis für die Aufgabe des Zahlensystems voraus. Gehört nun auch zum Grundwissen.

zu Aufgabe 5 ✔

Das „Rational machen des Nenners", Ausklammern von (-1) und weitere sind Techniken, die keine innovativen Gedanken verlangen. Aber du sollst auf jeden Fall den Mechanismus beherrschen – der leicht zu erlernen ist – um auch weiterführende Aufgaben in der 10. Klasse lösen zu können.

zu Aufgabe 6 ✔

Achtung: Es gibt Einschränkungen bzgl. der Definitionsmenge bei Wurzeltermen (Radikand muss $\geqq 0$ sein) und Bruchtermen (Nenner muss $\neq 0$ sein).

zu Aufgabe 7 und 8 ✔

Aufgaben aus der Kombinatorik, die leicht mit einem Baumdiagramm und den Pfadregeln gelöst werden können.

zu Aufgabe 9 ✔

Es ist eine sehr anspruchsvolle Aufgabe zum Thema „mehrstufige Zufallsexperimente". Auch diese Aufgabe sollte gelöst werden können – wenn nicht – üben.

zu Aufgabe 10 ✔

Folgende Vorgänge bzgl. der zentrischen Streckung solltest du beherrschen:
- Abbilden von Punkten mittels eines Zentrums und dem Streckungsfaktor (Zeichnung)
- Konstruktion des Zentrums Z
- Bestimmung der Koordinaten von Bildpunkten oder des Zentrums
- Berechnen des Flächeninhalts einer abgebildeten Figur $A' = k^2 \cdot \alpha$

Fazit

Anspruchsvolle und umfangreiche Schulaufgabe. 60 Minuten reichen gerade.

Lösung Schulaufgabe 2.2

Aufgabe 1

Hinweise und Tipps

- zu a) Die x-Achse ist auch eine Gerade, die die Gleichung y = 0 besitzt
  Den Schnittpunkt einer Funktion mit der x-Achse nennt man auch „Nullstelle“
- zu b) Seien m_1 und m_2 die Steigungen von zwei Geraden, die senkrecht aufeinander stehen, dann gilt: $m_1 \cdot m_2 = -1$
- zu d) Da es sich um ein rechtwinkliges Dreieck handelt, berechnet sich der Flächeninhalt als halbes Produkt der Katheten

a) Schnittpunkt S mit der x-Achse: y = 0

$-\frac{2}{3}x + 3 = 0 \qquad | -3$

$-\frac{2}{3}x = -3 \qquad | : (-\frac{2}{3})$

$x = -3\,(-\frac{3}{2}) = \frac{9}{2}$

Der Schnittpunkt S mit der x-Achse ist S(4,5 / 0).
Schnittpunkt mit der y-Achse: x = 0

$y = -\frac{2}{3} \cdot 0 + 3 = 3$

Der Schnittpunkt mit der y-Achse ist T(0 / 3).

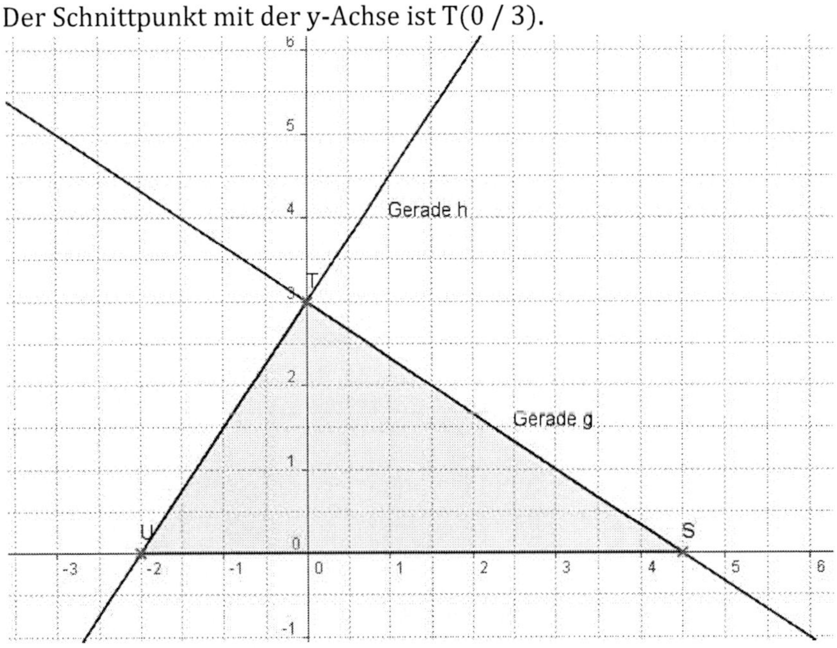

b) Sei $m_1 = -\frac{2}{3}$ die Steigung der Geraden g und m_2 die Steigung der zu g senkrechten Geraden h.

Dann folgt:

$(-\frac{2}{3}) \cdot m_2 = -1$, also $m_2 = 1{,}5$ Damit gilt für die Gerade h: $y = 1{,}5x + t$

T(0 / 3) in diese Gleichung eingesetzt ergibt:
$3 = 1{,}5 \cdot 0 + t$, also $t = 3$
Damit gilt für h: $y = 1{,}5x + 3$

Lösung Schulaufgabe 2.2

c) Aus a) und b) folgt, dass beide Geraden im Punkt T(0 / 3) die y-Achse schneiden und diesen Punkt gemeinsam haben. Die Lösung des Gleichungssystems lautet damit: $\mathbb{L} = \{(0;3)\}$

d) $y = 0$

$0 = 1{,}5x + 3 \quad | -3$

$1{,}5x = -3 \quad | : 1{,}5$

$x = -2$

Die Koordinaten von U lauten: U(−2 / 0).
Es ist O (0 / 0) der Ursprung.

Der Flächeninhalt des Dreiecks UST ist:
$A_{UST} = 0{,}5 \cdot \overline{US} \cdot \overline{OT} = 0{,}5 \cdot 6{,}5 \cdot 3 = 9{,}75\ cm^2$

e) Der Flächeninhalt des Dreiecks OST ist:
$A_{OST} = 0{,}5 \cdot \overline{OS} \cdot \overline{OT} = 0{,}5 \cdot 4{,}5 \cdot 3 = 6{,}75\ cm^2$
Prozentsatz: $(6{,}75 : 9{,}75) \cdot 100\% = 69{,}23\%$

Aufgabe 2

Hinweise und Tipps
zu a) Denke daran, zwei Geraden, die unterschiedliche Steigung haben, schneiden sich in genau einem Punkt.
zu b) Nachdem du eine Variable errechnet hast, kannst du diese dann in Gleichung I. oder II. einsetzen; du erhältst jeweils das gleiche Ergebnis für die andere Variable.
zu c) $y = mx + t$ heißt auch die Normalform einer Geradengleichung; m gibt die Steigung der Geraden an und t den y-Achsenabschnittspunkt (0 | t), durch den die Gerade geht.

a)

I. $y = 0{,}5x + 1$
II. $-x + 2y - 6 = 0$ | Nach y auflösen

I. $y = 0{,}5x + 1$
II. $y = 0{,}5x + 3$

Beide Gleichungen sind Geraden mit gleicher Steigung. Sie schneiden sich aber nicht, da sie parallel sind und verschiedene Schnittpunkte mit der y-Achse haben.

b) i) Unendlich viel Lösungen
Das Gleichungssystem besitzt unendlich viele Lösungen, wenn die beiden Geraden äquivalent sind, d.h. wenn sie identisch sind. Dies ist dann der Fall, wenn $m = 2$ und $t = -4$

ii) Das Gleichungssystem besitzt keine Lösung, wenn die beiden Geraden die gleiche Steigung, aber unterschiedlichen Schnittpunkt mit der y-Achse t besitzen. Die Geraden sind dann parallel falls
$m = 2$ und $t \neq -4$
z.B: $y = 2x + 1$ und $y = 2x + 3$

c) $y = 2x + 1$ und $y = 4x - 4$ Gleichsetzungsverfahren
$4x - 4 = 2x + 1 \quad | -2x + 4$
$2x = 5 \quad \Leftrightarrow x = 2{,}5$ Einsetzen z.B. in 1. Gleichung: $y = 2 \cdot 2{,}5 + 1 = 6$
$L = \{(2{,}5 \mid 6)\}$

Aufgabe 3

Hinweise und Tipps

- Beachte folgende Punkte bei Sachanwendungen:
  1. Gib genau an, wofür die Unbekannten x und y stehen.
  2. Übersetze die Textinformationen in Gleichungen.
  3. Löse das Gleichungssystem.
  4. Gib eine Antwort und prüfe die Lösung gegebenenfalls mit einer Probe.
- Benutze den Winkelsummensatz: In einem Dreieck ergeben alle drei Innenwinkel 180°.
- Bei einem gleichschenkligen Dreieck sind die Basiswinkel gleich groß.

Es seien α=ß die Basiswinkel, γ ist der Winkel an der Spitze.

Es gelten folgende Beziehungen (Gleichungen):

I. $\alpha + \alpha + \gamma = 180°$

II. $\alpha = \gamma + 12°$

Nach dem Einsetzungsverfahren (II. in I. einsetzen) gilt:

$2 \cdot (\gamma + 12) + \gamma = 180°$

$3\gamma + 24° = 180° \quad | -24°$

$3\gamma = 156° \quad | :3$

$\gamma = 52°$

$\gamma = 52°$ in II. einsetzen:

$\alpha = 52° + 12°$

$\alpha = 64° = \beta$

Probe:

I. $2 \cdot 64° + 52° = 128° + 52° = 180°$ (Stimmt)

II. $64° = 54° + 12°$ (Stimmt)

Antwort: Die Basiswinkel α und β betragen jeweils 64°, der Winkel an der Spitze beträgt 52°.

Aufgabe 4

Hinweise und Tipps

- Allgemein gilt: $\mathbb{N} \subset \mathbb{Z} \subset \mathbb{Q} \subset \mathbb{R}$ (⊂ „bedeutet: ist Teilmenge von"); d.h. falls eine Zahl zu $\mathbb{N}$ gehört, ist diese auch Element von $\mathbb{Z}$, $\mathbb{Q}$ und $\mathbb{R}$
- $\sqrt{225} = 15$ ist eine natürliche Zahl
- $-\sqrt{44} = -2\sqrt{11}$ ist eine irrationale Zahl
- $-\frac{81}{9} = -9$ ist eine ganze Zahl
- $3{,}4\overline{71} = 3{,}471717171$..... ist eine periodische Zahl und somit Element der rationalen Zahlen
- Achtung kürzen: $\sqrt{\frac{48}{75}} = \sqrt{\frac{3 \cdot 16}{3 \cdot 25}} = \frac{4}{5}$ ist eine rationale Zahl!

Lösung Schulaufgabe 2.2

	$\sqrt{225}$	$-\sqrt{44}$	0	$3{,}4\overline{71}$	$-\frac{81}{9}$	$\sqrt{\frac{48}{125}}$
$\mathbb{N}$	x	–	–	–	–	–
$\mathbb{Z}$	x	–	x	–	x	–
$\mathbb{Q}$	x	–	x	x	x	x
$\mathbb{R}$	x	x	x	x	x	x

Aufgabe 5

Hinweise und Tipps
- zu a) Mache den Nenner des 1. Summanden rational
- zu b) Ist der Nenner eine Summe oder eine Differenz mit Wurzel, so kommt meistens die 3. Binomische Formel zur Anwendung
- zu b) Hier musst du -1 ausklammern damit du kürzen kannst $(b - 13) = -1 \cdot (-b + 13) = - \cdot (13 - b)$

a) $\frac{2a}{3\sqrt{a}} + 2\sqrt{a} = \frac{2a\cdot\sqrt{a}}{3\sqrt{a}\cdot\sqrt{a}} + 2\sqrt{a} = \frac{2a\cdot\sqrt{a}}{3a} + 2\sqrt{a} = \frac{2\sqrt{a}}{3} + 2\sqrt{a} = \frac{8}{3}\sqrt{a}$

b) $\frac{39-3b}{\sqrt{b}+\sqrt{13}} = \frac{3\cdot(13-b)\cdot(\sqrt{b}-\sqrt{13})}{(\sqrt{b}+\sqrt{13})\cdot(\sqrt{b}-\sqrt{13})} = \frac{3\cdot(13-b)\cdot(\sqrt{b}-\sqrt{13})}{b-13} = \frac{-3\cdot(13-b)\cdot(\sqrt{b}-\sqrt{13})}{-b+13} =$

$-3\cdot(\sqrt{b}-\sqrt{13}) = 3\cdot(\sqrt{13}-\sqrt{b})$

Aufgabe 6

Hinweise und Tipps
- Bei der Bestimmung der Definitionsmenge der bisher bekannten Funktionen sind zwei Punkte zu beachten:
  1. Der Nenner darf nie 0 werden.
  2. Der Radikand (Zahl unter Wurzelzeichen) muss immer größer oder gleich 0 sein.
- Das Ergebnis beim Wurzelziehen muss immer positiv sein; das wird durch den Betrag erreicht.
- zu b) Bei „negativer Punktrechnung" innerhalb einer Ungleichung „dreht" sich das Ungleichheitszeichen nach der Inversionsregel um.
- zu b) Da in der Definitionsmenge negative Werte ausgeschlossen sind, ist das Betragszeichen nicht notwendig.

a) $D = \mathbb{Q} \setminus \{2\}$

$\sqrt{\frac{1}{(x-2)^2}} = \left|\frac{1}{x-2}\right|$

b) $(\sqrt{3-2x})^2$

3 ⍰ 2x ≧ 0 | ⍰3 ⇔ ⍰2x ≧ ⍰3 | :(⍰2) ⇔ x ≦ 1,5 D = {x ∈ $\mathbb{Q}$|x ≦ 1,5}

$(\sqrt{3-2x})^2 = |3 - 2x| = 3 - 2x$

Aufgabe 7

Hinweise und Tipps

- Beachte, dass *ohne* Zurücklegen gezogen wird.
- zu a) Beim 1. Zug sind es 10 Kugeln, wobei 3 „günstig" (haben ein U) sind. Beim 2. Zug sind es nur noch 9 Kugeln, wovon nur eine „günstig" für das H ist. Beim 3. Zug gibt es noch 2 „günstige" Kugeln von insgesamt 8 Kugeln.

a)

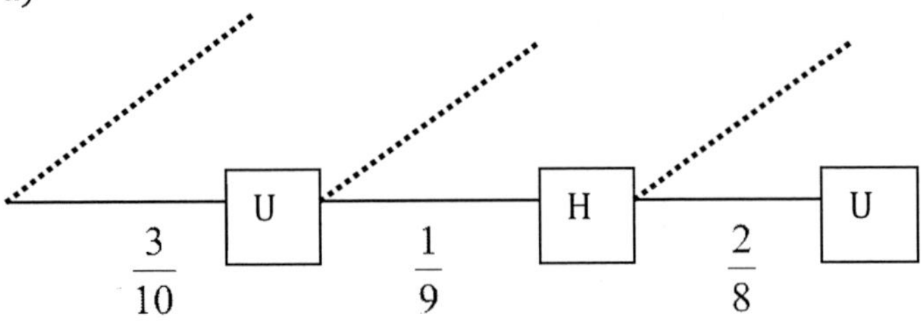

Nach der 1. Pfadregel gilt dann:

$p(\text{"UHU"}) = \frac{3}{10} \cdot \frac{1}{9} \cdot \frac{2}{8} = \frac{1}{10} \cdot \frac{1}{3} \cdot \frac{1}{4} = \frac{1}{120}$

b)

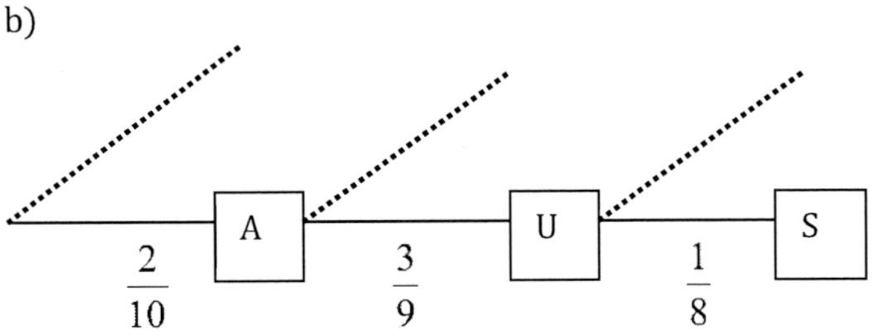

Nach der 1. Pfadregel gilt dann:

$p(\text{"AUS"}) = \frac{2}{10} \cdot \frac{3}{9} \cdot \frac{1}{8} = \frac{1}{5} \cdot \frac{1}{3} \cdot \frac{1}{8} = \frac{1}{120}$

c)

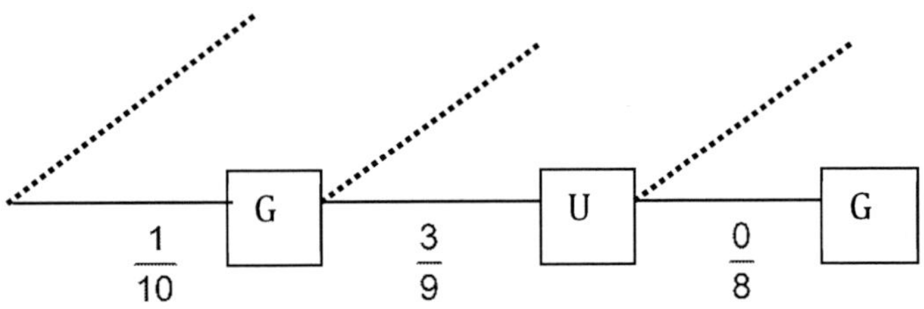

Nach der 1. Pfadregel gilt dann:

$p(\text{"GUG"}) = \frac{1}{10} \cdot \frac{3}{9} \cdot \frac{0}{8} = 0$

Aufgabe 8

Hinweise und Tipps

- zu a) Zur Beantwortung der Frage werden alle Wahrscheinlichkeiten entsprechend der 1. Pfadregel berechnet, für die 1., die 2., die 3. oder die 4. gezogene Karte schwarz ist. Die folgenden Wahrscheinlichkeiten können mit dem Zählprinzip und der 1. Pfadregel berechnet werden. Es handelt sich dabei um ein 4-stufiges Zufallsexperiment ohne Zurücklegen.
- zu b) Die Wahrscheinlichkeit für eine weiße Karte ist für jeden Tag die gleiche.

a) $p(\text{„1. Karte ist schwarz"}) = \frac{1}{4} \cdot 1 \cdot 1 \cdot 1 = \frac{1}{4}$

$p(\text{„2. Karte ist schwarz"}) = \frac{3}{4} \cdot \frac{1}{3} \cdot 1 \cdot 1 = \frac{1}{4}$

$p(\text{„3. Karte ist schwarz"}) = \frac{3}{4} \cdot \frac{2}{3} \cdot \frac{1}{2} \cdot 1 = \frac{1}{4}$

$p(\text{„4.Karte ist schwarz"}) = \frac{3}{4} \cdot \frac{2}{3} \cdot \frac{1}{2} \cdot 1 = \frac{1}{4}$

Es ist also ohne Bedeutung, an wievielter Stelle die Karte gezogen wird.

b) P(„David kommt nicht dran“) = P(„an 5 Tagen jeweils eine weiße Karte ziehen“) =

$\left(\frac{3}{4}\right)^5 = \frac{243}{1024} = 23{,}73\%$

Aufgabe 9

Hinweise und Tipps
Es handelt sich um ein 2-stufiges Zufallsexperiment. Im folgenden Baumdiagramm wird dem „1. Zug“ das Alter zugeordnet, dem „2. Zug“ die Meinung.

a) p(„Kleiner 20 Jahre und positive Meinung“)
$= 0{,}25 \cdot 0{,}7 = 0{,}175 = 17{,}5\%$

1. Pfadregel, es wird nur ein Pfad benötigt.

b) p(„keine positive Meinung“) =
$0{,}25 \cdot 0{,}3 + 0{,}75 \cdot 0{,}6 =$
$0{,}075 + 0{,}45 =$
$0{,}525 = 52{,}5\%$
2. Pfadregel, da die gesuchte Wahrscheinlichkeit über mehrere (zwei) Pfade betrachtet werden muss.

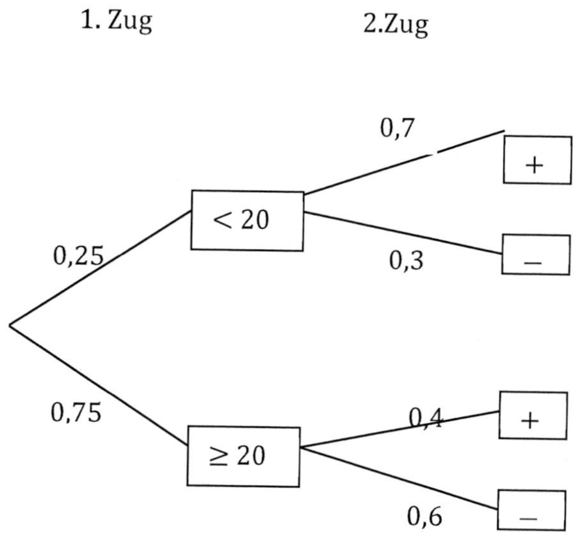

Aufgabe 10

Tipps und Hinweise
- Man erkennt, dass es sich um ein gleichseitiges Rechteck, also um ein Quadrat handelt.
- Zur Erinnerung: Es gilt $\overrightarrow{AB} = \vec{B} - \vec{A}$ (Spitze minus Fuß).
- Wichtig: $A' = k^2 \cdot A$, diese Formel solltest du auch benutzen.
- Die Länge und Breite des Ursprungsrechtecks kannst du ablesen: l = b = 4 cm.
- Der Streckungsfaktor k‘ der umgekehrten Abbildung hat das gleiche Vorzeichen wie der ursprüngliche Streckungsfaktor k und es gilt: $k' = \frac{1}{k}$.

a)

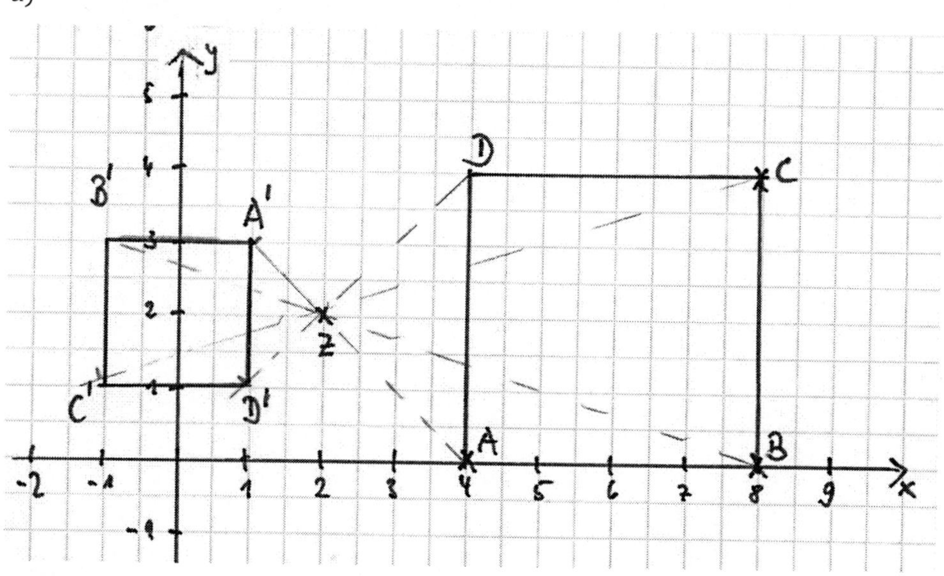

$\overrightarrow{ZA'} = k \cdot \overrightarrow{ZA}$

$\begin{pmatrix} 1-2 \\ 3-2 \end{pmatrix} = k \cdot \begin{pmatrix} 4-2 \\ 0-2 \end{pmatrix} \Rightarrow \mathbf{k = -0{,}5}$

$\overrightarrow{ZB'} = k \cdot \overrightarrow{ZB}$

$\begin{pmatrix} x'-2 \\ y'-2 \end{pmatrix} = -0{,}5 \cdot \begin{pmatrix} 8-2 \\ 0-2 \end{pmatrix}$

$\begin{pmatrix} x'-2 \\ y'-2 \end{pmatrix} = \begin{pmatrix} -3 \\ 1 \end{pmatrix} \Rightarrow \mathbf{B'(-1|3)}$

b) Flächeninhalt des Ursprungs-Rechtecks ABCD: $A = l \cdot b = 4 \cdot 4 = 16\ cm^2$
Dann ist : $\mathbf{A'} = (-0{,}5)^2 \cdot 16 = \mathbf{4\ cm^2}$

c) $k' = \frac{1}{k} = \frac{1}{-0{,}5} = \mathbf{-2}$

Gesamtpunkte: **46**

Punkte	46- 42	41-37	36 - 30	29 - 22	21 - 14	13 - 0
Note	1	2	3	4	5	6

3. Schulaufgabe aus der Mathematik

Aufgabe 1

In der nebenstehenden Figur gilt:

$\overline{ZA} = 6$ cm, $\overline{ZA'} = 10{,}5$ cm,

$\overline{BB'} = 3$ cm, $\overline{AB} = 5$ cm

(Zeichnung nicht maßstabsgetreu!)

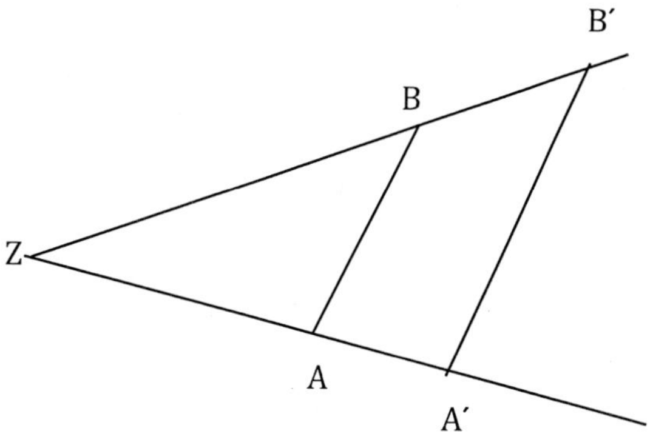

Von welcher geometrischen Bedingung muss man ausgehen, damit es sich um eine Vierstreckensatzfigur handelt?

Berechne sodann: $\overline{A'B'}$ und $\overline{ZB'}$.

Aufgabe 2

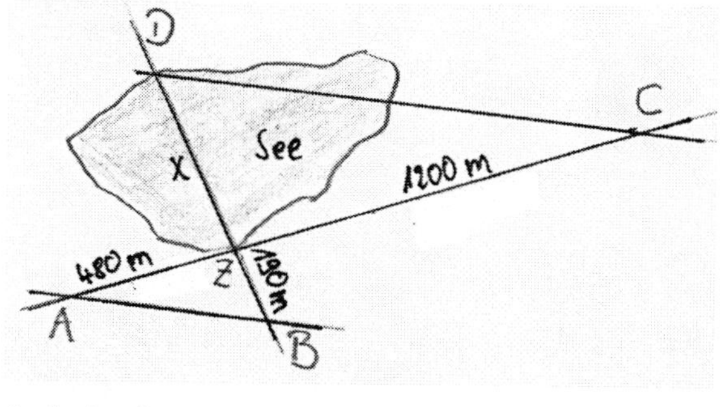

Die Strecke x über den See ist unzugänglich. Errechne mit Hilfe des Vierstreckensatzes die Länge x.

Anm.: Es ist $\overline{AB} \parallel \overline{DC}$

Aufgabe 3

In der nebenstehenden Figur sind ein Parallelogramm ABCD und ein Dreieck ABE zu erkennen.

a) Zeige mit Hilfe von Winkelbeziehungen, dass die Dreiecke ΔADF und ΔABE ähnlich sind.

b) Beweise mit Hilfe der Ähnlichkeit, dass $\overline{AF} \cdot \overline{AB} = \overline{AE} \cdot \overline{DF}$

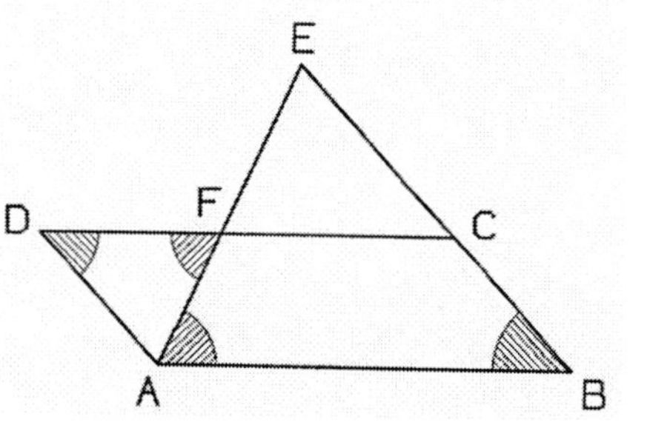

Aufgabe 4

a) Der Flächeninhalt eines Quadrates beträgt 16 cm^2. Berechne die Längen der Quadratseite und der Diagonalen.

b) In einem Rechteck mit der Breite 3 cm beträgt die Länge der Diagonalen 5 cm. Berechne den Umfang des Rechtecks.

Aufgabe 5

Ein gleichseitiges Dreieck hat die Höhe $h_c = 2\sqrt{3}$ cm. Wie lang ist c?

Aufgabe 6

Verwandle mittels Konstruktion ein Rechteck der Länge 3 cm und Breite 1 cm in ein flächengleiches Quadrat. Gib den Satz, den du verwendest, im Wortlaut an. Wie lang ist die Seite des Quadrats?

Aufgabe 7

Alle Kanten des skizzierten Tetraeders haben die Kantenlänge a = 6 cm.

a) Zeige, dass die Höhe im gleichseitigen Dreieck $h_a = 3\sqrt{3}$ cm beträgt.
Berechne den Oberflächeninhalt des Tetraeders.

b) Berechne die Höhe h_t des Tetraeders. Verwende dabei die Eigenschaft, dass sich die Seitenhalbierenden eines Dreiecks im Verhältnis 2 :1 teilen.

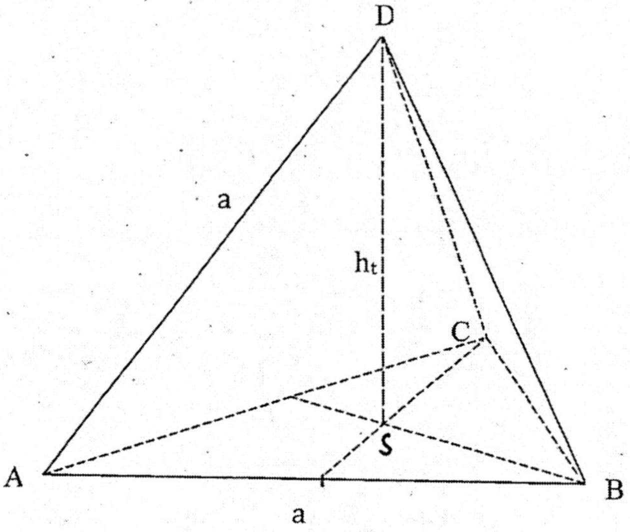

Viel Erfolg!

mögliche Punkteverteilung

Aufgabe	1	2	3a	3b	4a	4b	5	6	7a	7b	
Punkte	3	3	2	2	2	2	3	4	3	2	**26**

Lösung
Schulaufgabe
3.1

Lösung Schulaufgabe 3.1

zu Aufgabe 1
Es handelt sich um eine klassische Vierstreckensatzaufgabe.

zu Aufgabe 2
Klassische Aufgabe, die mit Hilfe des Vierstreckensatzes zu lösen ist. Dabei ist der Vierstreckensatz in X-Form zu verwenden. Die Aufgabe ist relativ leicht und gehört zum Standard.

zu Aufgabe 3
Da ähnliche Dreiecke gleich große Winkel besitzen, wird in Schulaufgaben oft verlangt, Winkelgrößen und -zusammenhänge zu untersuchen. In dieser Aufgabe wird auf den Stoff der 7. Klasse – Winkelbeziehungen – zurückgegriffen. Anspruchsvolle Aufgabe!

zu Aufgabe 4
Diese Aufgabe ist sehr gelungen, denn in dieser geometrischen Anwendung erfolgt die Lösung über das Wurzelziehen und über den Gebrauch des Satzes des Pythagoras. Den Satz des Pythagoras solltest du auf jeden Fall beherrschen.

zu Aufgabe 5
Hier geht es um eine einfache Aufgabe zur Anwendung des Satzes des Pythagoras. Sicherer Umgang der Technik in der Algebra wird vorausgesetzt.

zu Aufgabe 6
Es handelt sich auch hier um eine absolute Standardaufgabe in Schulaufgaben zum Thema „Satzgruppe des Pythagoras".

zu Aufgabe 7
Solch eine geometrische Anwendung innerhalb der Satzgruppe des Pythagoras ist Stoff nahezu jeder Schul- oder Stegreifaufgabe in der 9. Klasse. Also: unbedingt Erlernen!

Fazit
Diese Schulaufgabe ist fair. Leichter Einstieg, damit du sicher wirst. Aufgabe 3 ist schwerer, da du Wissen aus der 7. Klasse transferieren musst. Aufgaben 4 bis 6 sind anspruchsvoll.

Lösung Schulaufgabe 3.1

Aufgabe 1

Hinweise und Tipps

- Die Beziehungen, die beim Vierstreckensatz gelten, solltest du auswendig wissen.
- Führe die unbekannte Größe immer im Zähler, das erspart aufwendige Umformungen.
- Es gibt mehrere Lösungsmöglichkeiten.
- Nach dem Vierstreckensatz gilt: Je zwei Abschnitte auf der einen Geraden verhalten sich wie die entsprechenden Abschnitte auf der anderen Geraden.
- Suche die Abschnitte aus, für die wenig Rechenarbeit entsteht. Die *Alternative* zeigt einen umständlicheren Weg.

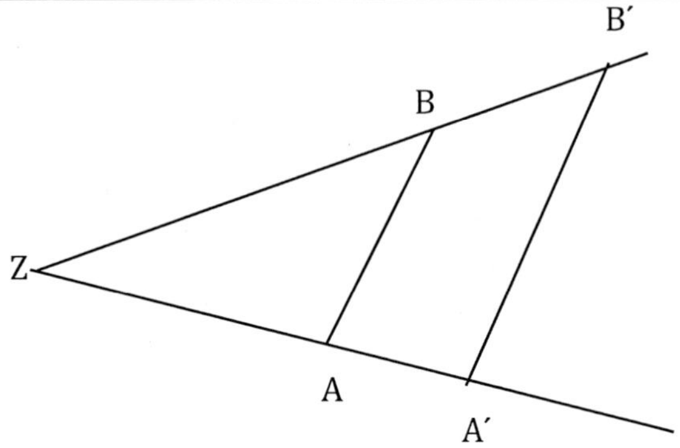

Es muss gelten: $\overline{AB}$ ist parallel zu $\overline{A'B'}$.
Das ist die Voraussetzung, dass die Strahlensätze gelten.

Wegen dem 2. Vierstreckensatz gilt: $\frac{\overline{A'B'}}{\overline{AB}} = \frac{\overline{ZA'}}{\overline{ZA}}$

und somit $\frac{\overline{A'B'}}{5} = \frac{10{,}5}{6}$

$\overline{A'B'} = \frac{10{,}5}{6} \cdot 5 = 8{,}75$

Wiederum nach dem 2. Vierstreckensatz gilt:

$\frac{\overline{ZB'}}{\overline{BB'}} = \frac{\overline{ZA'}}{\overline{AA'}}$ und somit $\frac{\overline{ZB'}}{5} = \frac{10{,}5}{10{,}5-6} \Rightarrow \overline{ZB'} = 11\frac{2}{3}$

Alternative: $\frac{\overline{ZB'}}{\overline{ZB}} = \frac{\overline{ZA'}}{\overline{ZA}}$ $\quad \overline{ZB'} = \frac{10{,}5}{6} \cdot (\overline{ZB'} - 5) \Leftrightarrow \overline{ZB'} = 1{,}75 \cdot \overline{ZB'} - 8{,}75 \Leftrightarrow$

$0{,}75\,\overline{ZB'} = 8{,}75 \Leftrightarrow \overline{ZB'} = 11\frac{2}{3}$

Aufgabe 2

Hinweise und Tipps

- Da die Längen der Parallelen nicht gegeben sind, ist der 1. Vierstreckensatz in X-Form anzuwenden.
- Beim Aufstellen der Verhältnisgleichung nehme x in den Zähler, dann geht das Ausrechnen schneller.
- Aufpassen: x : 190 = 1200 : 480 und NICHT x : 190 = 480 : 1200, da entsprechend der Skizze x größer als 190 m sein muss.

$\frac{x}{190} = \frac{1200}{480} \Rightarrow x = \frac{1200 \cdot 190}{480} = 475$ m

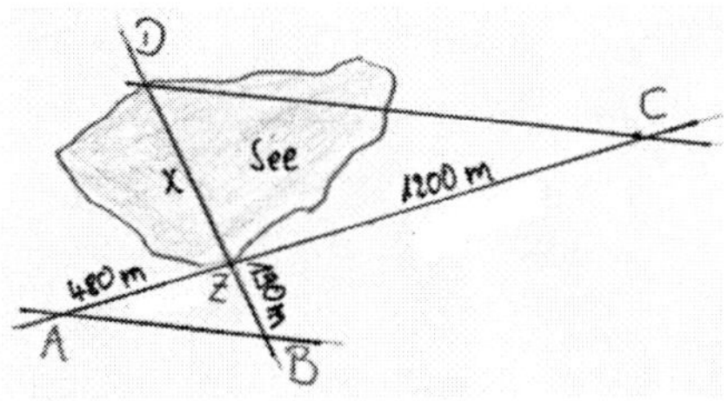

Die Strecke x = $\overline{ZD}$ ist **475 m** lang.

Lösung Schulaufgabe 3.1

Aufgabe 3

Hinweise und Tipps

- zu a) Schneidet eine Gerade g zwei Geraden h und h‘, so heißen die Winkel, die auf unterschiedlichen Seiten von g und entgegengesetzten Seiten von h bzw. h‘ liegen, *Wechsel-* oder *Z-Winkel*. Für den Fall, dass die Geraden h und h‘parallel sind, gilt: Wechselwinkel an Parallelen sind gleich groß.

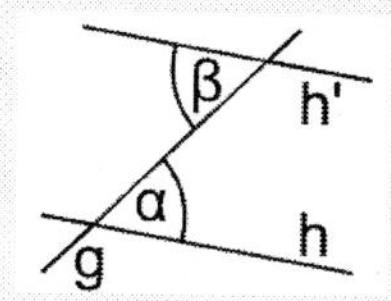

- zu b) Ähnlichkeitssatz sws: Dreiecke sind ähnlich, wenn sie in den Verhältnissen der Längen zweier Seiten und im Maß des eingeschlossenen Winkels übereinstimmen.

a) Sei $\alpha = \measuredangle BAE$; $\beta = \measuredangle CBA$; $\gamma = \measuredangle ADF$ und $\delta = \measuredangle DFA$

Es ist $\delta = \alpha$ (da Wechselwinkel)

Es ist $\gamma = \beta$ (da gegenüberliegende Winkel in einem Parallelogramm gleich groß sind)

Damit stimmen in den Dreiecken ΔAFD und ΔABE zwei und somit auch drei Winkeln überein. ⇒ Die beiden Dreiecke sind ähnlich (www)

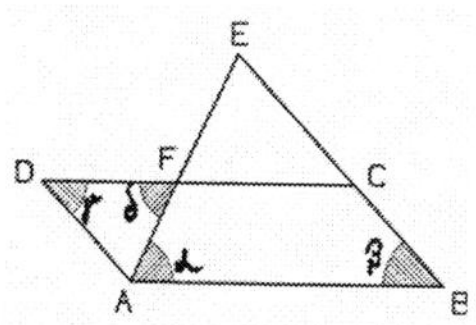

b) Damit gilt nach dem Änhlichkeitssatz sws: $\frac{\overline{AF}}{\overline{FD}} = \frac{\overline{AE}}{\overline{AB}}$ $\Leftrightarrow \overline{AF} \cdot \overline{AB} = \overline{AE} \cdot \overline{FD}$

Aufgabe 4

Hinweise und Tipps

- Eine grobe Skizze hilft dir sehr viel.
- Schreibe wie in der Physik die gegebenen Parameter hin. Schreibe die Formel mit den allgemeinen Parametern und löse nach der gesuchten Größe auf.

a)

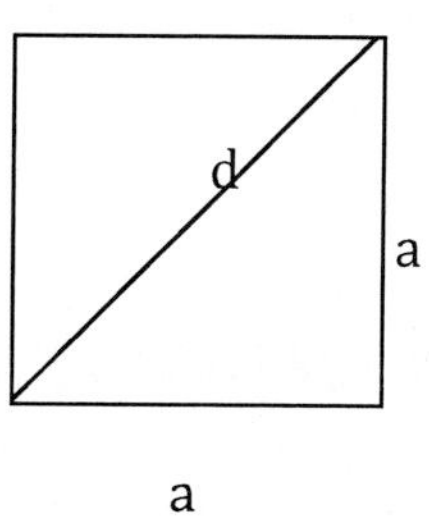

Fläche $A = 16\ cm^2$. $A = a^2 \Leftrightarrow a = \sqrt{A}$

$a = \sqrt{16\ cm^2} = 4$ cm. Die Seitenlänge beträgt 4 cm.

Nach dem Satz von Pythagoras gilt: $d^2 = a^2 + a^2$ oder

$d = \sqrt{2a^2} = \sqrt{2 \cdot 16\ cm^2}$

Die Diagonale hat die Länge $4 \cdot \sqrt{2}$ cm.

b)

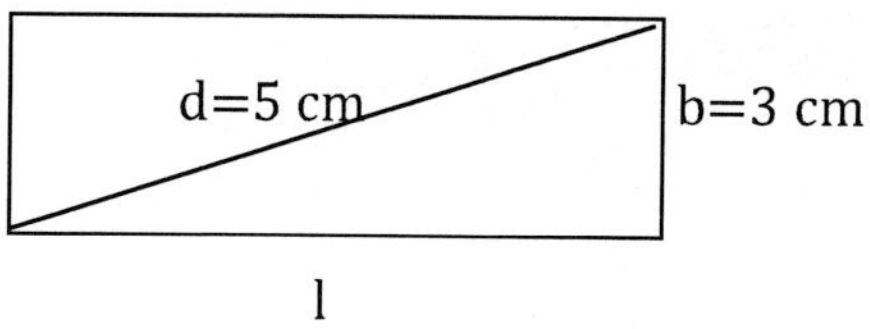

$b = 3$ cm ; Pythagoras: $d^2 = b^2 + l^2$

$l = \sqrt{d^2 - b^2}$

$l = \sqrt{25 - 9} = \sqrt{16}$ Die Länge beträgt 4 cm.

$U = 2l + 2b = 2 \cdot 3\ cm + 2 \cdot 4\ cm = 14$ cm.

Aufgabe 5

Hinweise und Tipps

- Planfigur hilft bei den Überlegungen.
- Denke daran: Der Winkel $\measuredangle BHC$ ist rechtwinklig.
- Denke daran: In einem gleichseitigem Dreieck halbiert der Höhenfußpunkt H die Strecke $\overline{AB}$.
- Im rechtwinkligen Dreieck kannst du den Satz des Pythagoras anwenden.

Lösung Schulaufgabe 3.1

Satz des Pythagoras:

$h_c^2 + (0{,}5c)^2 = c^2$ mit $h_c = 2 \cdot \sqrt{3}$ eingesetzt

$(2 \cdot \sqrt{3})^2 + 0{,}25c^2 = c^2$

$4 \cdot 3 = c^2 - 0{,}25c^2$

$12 = 0{,}75c^2$

$c^2 = 16$

$c = 4$

Die Seitenlänge des gleichseitigen Dreiecks ist **4 cm** lang.

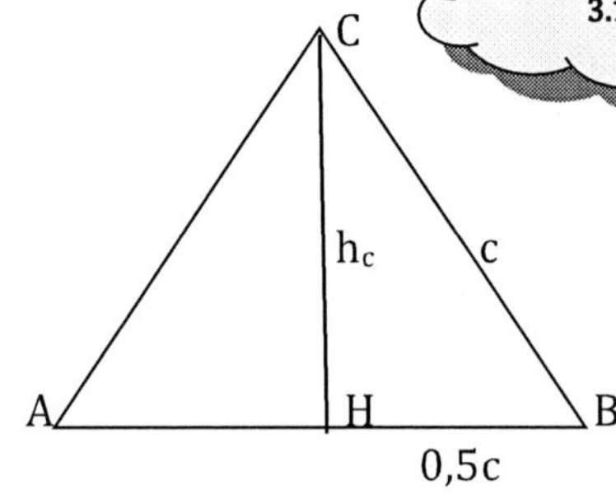

Aufgabe 6

Hinweise und Tipps

- Es gibt zwei Möglichkeiten, diese Aufgabe zu lösen: Mit dem Höhensatz oder dem Kathetensatz. *(Beide Lösungen werden hier gezeigt)*
- Grundsätzlich gilt: Zeichne aus den gegebenen Seitengrößen ein rechtwinkliges Dreieck mit der Höhe h_c. Dabei zeichnest du den Thaleskreis über der Seite c. Jetzt ist von Bedeutung, wo der Höhenfußpunkt liegt.
- Bei Anwendung des Höhensatzes entsprechen die beiden Rechteckseiten l und b den Höhenabschnitten p und q. Also zeichnest du den Thaleskreis über $c = l + b$.
- Bei Anwendung des Kathetensatzes entsprechen die beiden Rechteckseiten der Seite c und eines Hypotenusenabschnittes p und q. Also zeichnest du den Thaleskreis über c, wobei c die längere der beiden Rechtecksseiten ist.

Höhensatz:

In einem rechtwinkligen Dreieck gilt: Das Quadrat über der Höhe h hat die gleiche Fläche wie das Rechteck aus den beiden Hypotenusenabschnitten p und q: $h^2 = p \cdot q$

$h^2 = 3 \cdot 1$ Die Quadratseite hat die Länge $\sqrt{3}$ cm.

Konstruktionsbeschreibung:

- Zeichne c = 4 cm (Summe Rechteckseiten 3 + 1)
- Markiere Höhenfußpunkt H_c durch abtragen von 3 cm auf c.
- Die Höhe h_c schneidet den Thaleskreis in C.
- Die Länge von h_c ist die gesuchte Quadratseite.

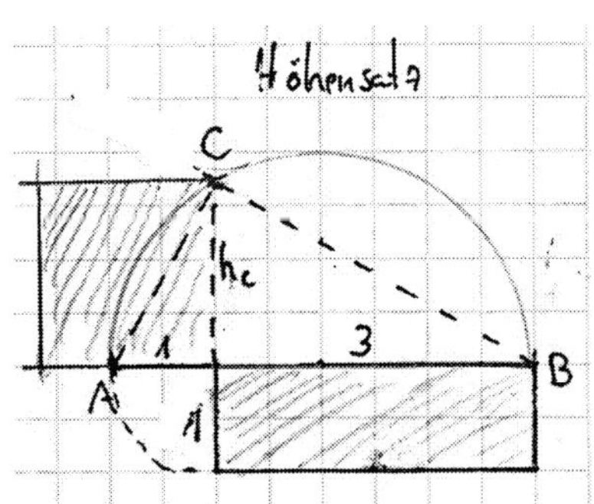

Kathetensatz:

In einem rechtwinkligen Dreieck gilt: Das Quadrat über eine Kathete hat die gleiche Fläche wie das Rechteck aus der Hypotenuse und dem anliegenden Hypotenusenabschnitt. Es gilt $a^2 = c \cdot p$ oder $b^2 = c \cdot q$.

$b^2 = 3 \cdot 1$ Die Quadratseite hat die Länge $\sqrt{3}$ cm.

Konstruktionsbeschreibung:
- Zeichne c = 3 cm (längere *Rechtecks*-Seite)
- Markiere Höhenfußpunkt H_c durch abtragen von 1 cm auf c.
- Die Höhe h_c schneidet den Thaleskreis in C.
- Die Länge der Kathete b ist die gesuchte Quadratseite.

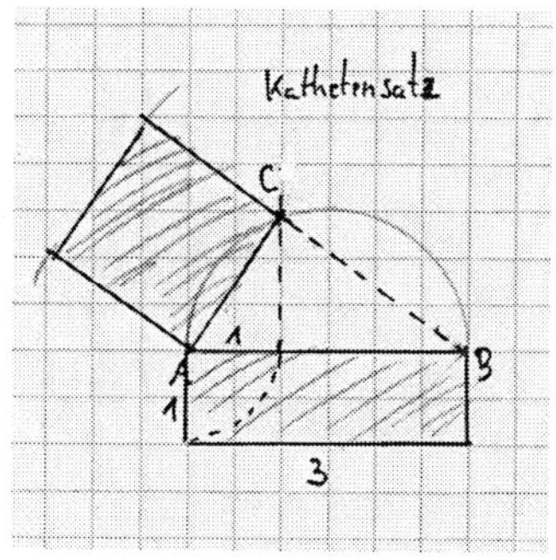

Aufgabe 7

Hinweise und Tipps
- Die Grundfläche und die Seitenflächen sind gleichseitige Dreiecke.
- Körper der Raumgeometrie sind oft im Schrägbild gekennzeichnet. Es ist nützlich, wenn du die Teilfiguren aufzeichnest, so dass zumindest die tatsächlichen Winkel erkennbar sind.
- zu a) Die Höhe in einem gleichseitigen Dreieck errechnet sich mittels des Satz des Pythagoras.
- zu a) Es ist sinnvoll den Flächeninhalt eines gleichseitigen Dreiecks mit der Seitenlänge a auswendig zu lernen: $A = \frac{a^2}{4} \cdot \sqrt{3}$
- zu b) In einem gleichseitigen Dreieck sind die Höhen und Seitenhalbierenden (auch die Winkelhalbierenden) identisch.
- zu b) Verhältnis 2:1 bedeutet, dass ein Teil der Strecke $\frac{2}{3}h_a$ und der andere Teil $\frac{1}{3}h_a$ lang ist.

a) Pythagoras zur Bestimmung von h_a:

$h_a^2 + 3^2 = 6^2$

$h_a^2 = 36 - 9$

$h_a = \sqrt{27}$

$h_a = 3\sqrt{3}$ cm

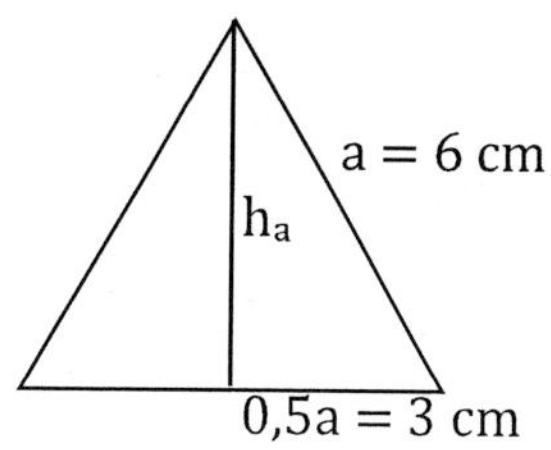

Flächeninhalt eines Dreiecks:

$A = 0{,}5 \cdot g \cdot h = 0{,}5 \cdot 6 \cdot 3\sqrt{3} = 9\sqrt{3}\ \text{cm}^2 = 15{,}59\ \text{cm}^2$

Oberflächeninhalt:

$O = 4 \cdot A = 36\sqrt{3}\ \text{cm}^2 = 62{,}35\ \text{cm}^2$

b) Bestimmung von h_t mittels Pythagoras im Dreieck ΔSCD:

$\overline{SC} = \frac{2}{3}h_a = \frac{2}{3} \cdot 3\sqrt{3} = 2\sqrt{3}$

Pythagoras: $\overline{SC}^2 + h_t^2 = a^2$

$4 \cdot 3 + h_t^2 = 36$

$h_t^2 = 24$ $\qquad h_t = \sqrt{24} = 2\sqrt{6}$

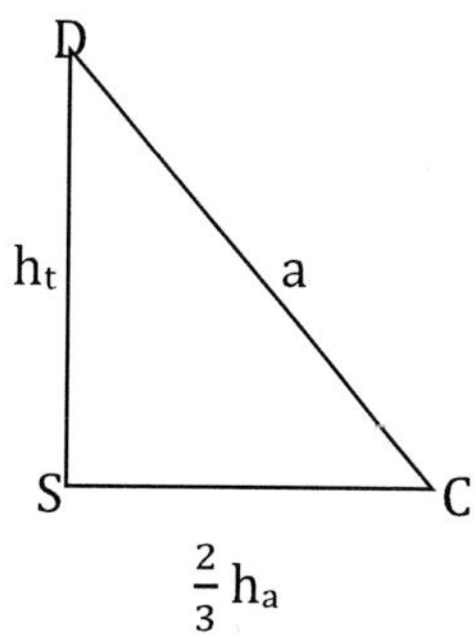

Gesamtpunkte: **26**

Punkte	26 - 23	22 - 18	17 - 12	11 - 6	5 - 3	2- 0
Note	1	2	3	4	5	6

3. Schulaufgabe aus der Mathematik

Aufgabe 1
Bei Bergfahrten sieht man häufig Straßenschilder, die die Steigung bzw. das Gefälle einer Straße in Prozent angeben. 21% bedeutet, dass die Straße auf 100 m horizontal gemessen um 21 m ansteigt. (Siehe Figur, die nicht maßstabsgetreu ist.)

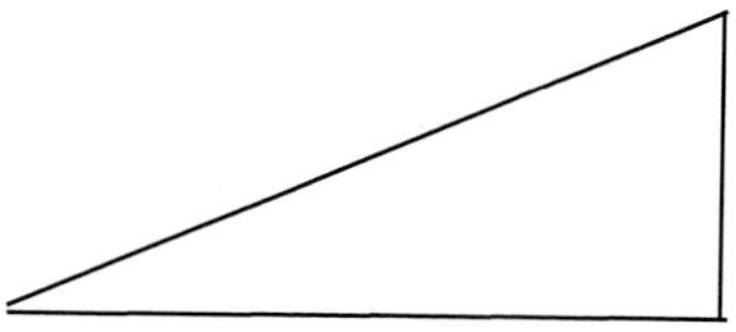

a) Welchen Höhenunterschied überwindet die Straße auf 1,2 km?
b) Welche Prozentzahl steht auf dem Schild, falls eine Straße auf 1,2 km einen Höhenunterschied von 144 m überwindet?

Aufgabe 2
Einem rechtwinkligen Dreieck ABC mit A(0 | 0); B(10|0) und C(0|8) werden Rechtecke $AP_nQ_nR_n$ eingeschrieben, wobei $\overline{P_nA} = x$ cm. Es gilt $R_n \in [AC]$; $Q_n \in [BC]$ und $P_n \in [AB]$.
a) Zeichne $AP_1Q_1R_1$ für x = 4 cm.
b) Zeige mit Hilfe des Vierstreckensatzes, dass für Länge l der Rechtecke in Abhängigkeit der Breite x gilt: l =8 – 0,8x. Berechne dann die Belegung von x für das Rechteck mit dem größten Flächeninhalt.

Aufgabe 3
Stelle fest, in welchen Fällen die Dreiecke ABC und A'B'C' ähnlich sind. Begründe kurz deine Behauptung!

a) a = 4 cm; b = 77,2°; c = 2 cm — a' = 9 cm; β = 77,2°; c' = 4,5 cm

b) a = 4 cm; α = 35°; c = 6 cm — a' = 2 cm; β' = 35°; c' = 3 cm

c) a = 5 cm; b = 8 cm; β = 69,5° — b' = 2,5 cm; γ' = 69,5°; c' = 4 cm

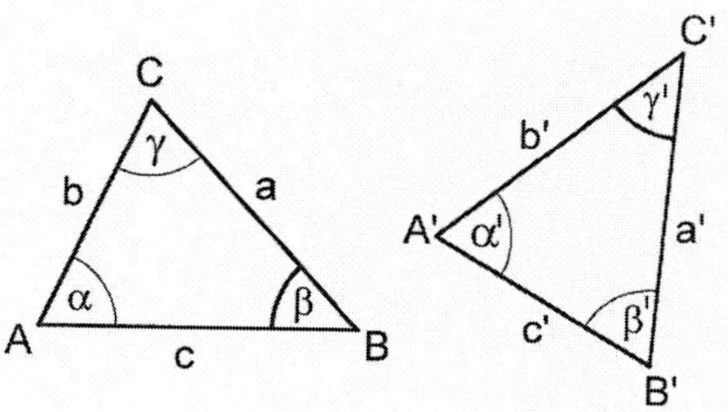

Aufgabe 4
Zeige **rechnerisch**, dass die einzige Höhe, die **im Inneren** eines rechtwinkligen Dreiecks verläuft, dieses Dreieck in 2 zueinander und zum gesamten Dreieck ähnliche Dreiecke teilt!

Aufgabe 5

Die Punkte A(2/1), B(6/4) und C(4/5) bilden die Ecken des Dreiecks ABC.

a) Berechne die drei Seitenlängen des Dreiecks ABC.

b) Begründe, dass das Dreieck ABC rechtwinklig ist.

c) Berechne die Länge der Höhe $h = \overline{CF}$.

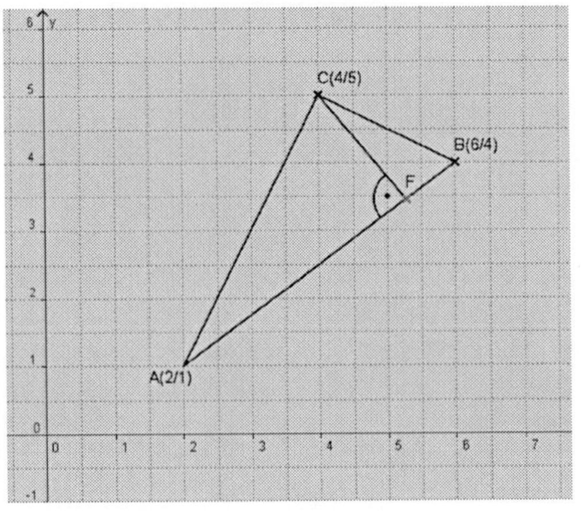

Aufgabe 6

a) Konstruiere eine Strecke der Länge $\sqrt{15}$ mit Hilfe des Höhensatzes.

b) Warum ist zur Lösung obiger Aufgabe der Satz des Pythagoras weniger geeignet?

Aufgabe 7

Die nebenstehende Skizze zeigt ein Schrägbild der Pyramide ABCS, deren Grundfläche das gleichschenklige Dreieck ABC mit der Basis [BC] ist. Der Punkt M ist der Mittelpunkt der Strecke [BC].

Die Spitze S der Pyramide ABCS liegt senkrecht über dem Punkt A.

Es gilt: $\overline{AB} = 10$ cm; $\overline{AS} = 10$ cm; $\overline{AM} = 8$ cm

Runde im Folgenden auf zwei Stellen nach dem Komma.

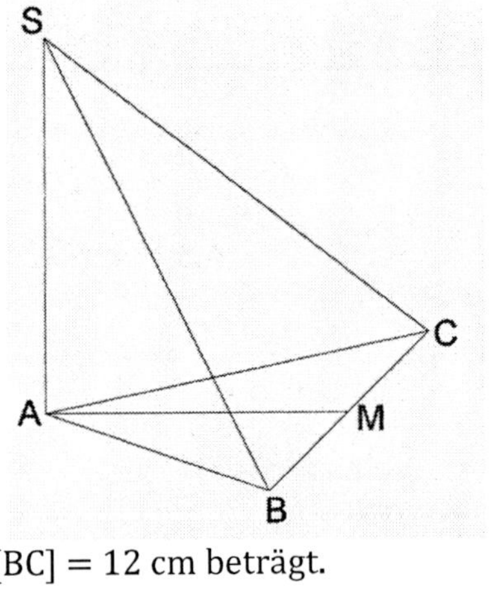

a) Zeige durch Rechnung, dass die Länge der Strecke [BC] = 12 cm beträgt.

b) Zeichne dann das Schrägbild der Pyramide ABCS, wobei die Strecke [AM] auf der Schrägbildachse liegen soll.
   Für die Zeichnung gilt: $q = \frac{1}{2}$; $\omega = 45°$

c) Zeige, dass die Länge der Strecke [MS] = 12,81 cm. Führe dazu eine Hilfskonstruktion durch.

d) Die Punkte Q ∈ [AB] und R ∈ [AC] sind zusammen mit den Punkten B und C die Eckpunkte des Trapezes QBCR. Der Mittelpunkt der Strecke [QR] ist P. Es gilt QR || BC und $\overline{MP} = 5{,}5$ cm.
   Zeichne das Trapez QBCR in das Schrägbild zu b) ein.
   Berechne dann die Länge der Strecke [QR].

Viel Erfolg!

mögliche Punkteverteilung

Aufgabe	1a	1b	2a	2b	3a	3b	3d	4	5a	5b	5c	6a	6b	7a	7b	7c	
Punkte	2	2	1	3	2	2	2	4	3	1	2	3	1	2	2	3	**35**

Lösung Schulaufgabe 3.2

Lösung Schulaufgabe 3.2

zu Aufgabe 1
Diese Aufgabe ist mit dem Vierstreckensatz zu lösen. Sollte im Unterricht solche „Steigungsaufgaben" nicht besprochen worden sein, muss man diese Situation mathematisch umsetzen können. Wenn man es verstanden hat, ist das eine einfache Anwendung des Vierstreckensatzes. Eine innovative Aufgabe!

zu Aufgabe 2
Die Aufgabe wird durch die Zeichnung klarer. Du siehst, dass zwei Parallelen vorkommen und der „Strahl" wird offensichtlich. D.h. man errechnet die Länge mit Hilfe des Vierstreckensatzes. Es wird nach dem maximalen Flächeninhalt gefragt. Also braucht man eine quadratische Gleichung (eine Parabel, die nach oben zeigt). Es ist dann eine altbekannte Extremwertaufgabe. Das ist absolut schon Prüfungsstoff wie er in der Abschlussprüfung zum Tragen kommt.

zu Aufgabe 3
Klassische Aufgabe, die abfragt, wann Dreiecke ähnlich sind. Unbedingt lernen!

zu Aufgabe 4
Diese Aufgabe behandelt das Thema „Ähnliche Figuren" und im Besonderen Ähnlichkeitssätze für Dreiecke. Manche Lehrer lassen das Thema aus Zeitnot (Stundenausfall) oft weg bzw. streifen es nur am Rand, zumal dieses Kapitel am Ende des Schuljahres anfällt. Für diese Aufgabe wird der WWW-Satz angewendet: „Zwei Dreiecke sind dann ähnlich, wenn sie in zwei (und damit in allen drei) Winkeln übereinstimmen."

zu Aufgabe 5
Interessante Aufgabe. Allerdings sollte das Thema „Längenberechnung" mit Hilfe des Pythagoras in der Schule ausführlich besprochen worden sein. Dieses Wissen muss dann in Aufgaben der Abschlussprüfung abrufbar sein. Also lernen!

zu Aufgabe 6
Es handelt sich um eine typische Schulaufgabe für die 9. Klasse aus der Satzgruppe des Pythagoras: die „geometrische" Umwandlung eines gegebenen Rechtecks oder Quadrats in ein flächengleiches Quadrat oder Rechteck. Mit solchen Aufgaben solltest du unbedingt vertraut sein.

zu Aufgabe 7
Diese Aufgabe kommt schon sehr nahe an eine Aufgabe aus der Abschlussprüfung heran. Das Zeichnen des Schrägbildes eines Körpers (meist eine Pyramide) ist absoluter Prüfungsstandard. Der Satz des Pythagoras und der Vierstreckensatz kommen zur Anwendung um innerhalb der Figur Längen auszurechnen. Sehr anspruchsvoll und wurde aber vorher im Unterricht gut geübt!

Fazit
Sehr anspruchvolle Schulaufgabe! Lediglich die Aufgaben 3, 4, 5 und 6 sollten problemlos lösbar sein. Aufgabe 2 und Aufgabe 7 haben Abschlussniveau.

Lösung Schulaufgabe 3.2

Aufgabe 1

Hinweise und Tipps

- zu a) Die Anwendung des 2. Vierstreckensatzes führt zur Lösung
- zu b) Denke daran: $\frac{p}{100} = p\%$

a) Vierstreckensatz: $\frac{h}{21} = \frac{1200}{100}$. Daraus

folgt: $h = 12 \cdot 21 = 252$ m.
Der Höhenunterschied ist 252 m.

b) Die Prozentzahl errechnet sich wie folgt: $\frac{144m}{1200m} = 0{,}12$.
Es steht die Prozentzahl 12% auf dem Schild.

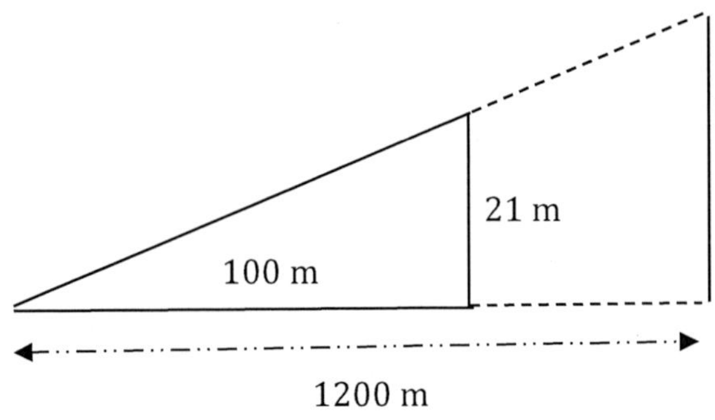

Aufgabe 2

Hinweise und Tipps

- Vierstreckensatz: Es verhalten sich die Abschnitte auf den Parallelen wie die ihnen entsprechenden, vom Scheitel aus gemessenen Strecken auf jeweils derselben.
- Die Breite des Rechtecks ist $b = \overline{AP} = x$ und die Länge $l = \overline{P_nQ_n}$.

a)

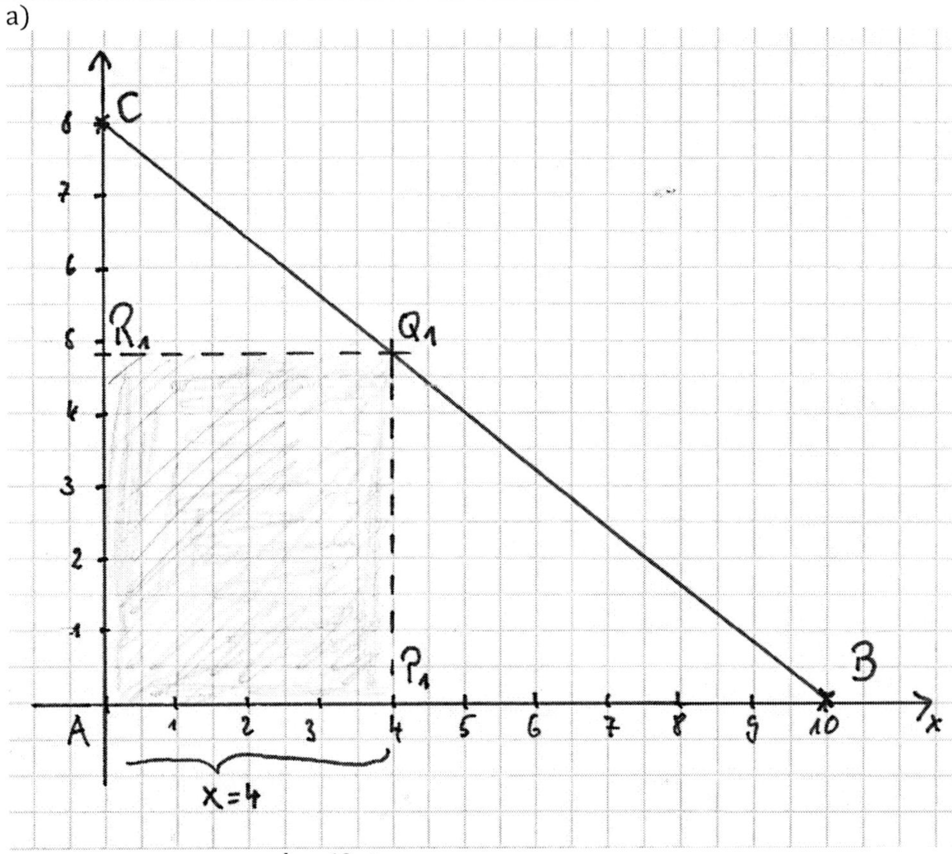

b) Vierstreckensatz $\Rightarrow \frac{l}{8} = \frac{10-x}{10}$ $\Leftrightarrow l = 8 - 0{,}8x$

$A_{Rechteck}(x) = b \cdot l = x \cdot (8 - 0{,}8x) = -0{,}8x^2 + 8x$

Quadratische Ergänzung: $A(x) = -0{,}8 \cdot (x^2 - 10x) = -0{,}8 \cdot (x^2 - 10 + 5^2 - 5^2)$

$= -0{,}8 \cdot (x - 5)^2 + 20$

Für **x = 5** ist die Fläche maximal. Der Flächeninhalt ist 20 FE.

Lösung
Schulaufgabe
3.2

Aufgabe 3

a) $a = 4$ cm $\quad$ $a' = 9$ cm
$b = 77{,}2°$ $\quad$ $\beta = 77{,}2°$
$c = 2$ cm $\quad$ $c' = 4{,}5$ cm

a und c schließen den Winkel β ein, a' und c' schließen den Winkel β' ein. Es ist $\beta = \beta'$.
Die Dreiecke sind dann ähnlich, falls $\frac{a}{c} = \frac{a'}{c'}$ ist.
$\frac{a}{c} = \frac{4}{2} = 2$ und $\frac{a'}{c'} = \frac{9{,}5}{4} = 2$. Also gilt: $\Delta \mathbf{ABC} \sim \Delta \mathbf{A'B'C'}$

b) $a = 4$ cm $\quad$ $a' = 2$ cm
$\alpha = 35°$ $\quad$ $\beta' = 35°$
$c = 6$ cm $\quad$ $c' = 3$ cm

Auch hier gilt $\frac{a}{c} = \frac{a'}{c'} = \frac{2}{3}$. Aber die jeweils eingeschlossenen Winkel müssen nicht gleich sein.
Es muss nicht $\alpha = \alpha'$ sein. D.h. die Dreiecke sind **nicht** ähnlich.

c) $a = 5$ cm $\quad$ $b' = 2{,}5$ cm
$b = 8$ cm $\quad$ $\gamma' = 69{,}5°$
$\beta = 69{,}5°$ $\quad$ $c' = 4$ cm

Zwei Dreiecke sind ähnlich, wenn das Verhältnis zweier Seiten gleich ist und der an der kürzeren Seite anliegende Winkel gleich ist.
Es ist $\beta = \gamma'$ und $\frac{b}{a} = \frac{8}{5} = 1{,}6$ und $\frac{c'}{b'} = \frac{4}{2{,}5} = 1{,}6$ Also gilt: $\Delta \mathbf{ABC} \sim \Delta \mathbf{A'B'C'}$

Aufgabe 4

Hinweise und Tipps

- Bilde die Aufgabe an einer Skizze ab.
- Denke daran: Zwei Dreiecke sind ähnlich, falls diese in zwei (und damit in allen) Winkeln übereinstimmen.
- Nach dem Winkelsummensatz ist die Summe aller drei Innenwinkel eines Dreiecks gleich 180^0.

Zu zeigen: Die Dreiecke $\triangle ABC$, $\triangle ABD$ und $\triangle ADC$ stimmen in allen drei Winkeln überein.

Planfigur

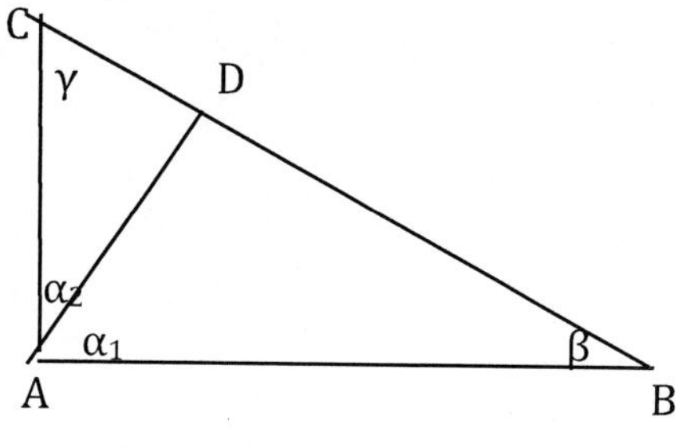

Es ist $\sphericalangle ADC = \sphericalangle BDA = \sphericalangle CAB = 90^0$ und
(*) $\alpha_1 + \alpha_2 = 90^0$.
Winkelsummensatz: $\alpha_1 + \beta + 90^0 = 180^0$ oder
$\alpha_1 + \beta = 90^0$.
(*) eingesetzt: $90^0 - \alpha_2 + \beta = 90^0 \Leftrightarrow \alpha_2 = \beta$.
In allen drei Dreiecken stimmen die Winkel überein: Es gibt jeweils ein 90^0 Winkel und die Größe von β.
$\Longrightarrow \triangle ABD$ ist ähnlich zu $\triangle ABC$ und ähnlich zu $\triangle ABC$

Lösung
Schulaufgabe
3.2

Aufgabe 5

Hinweise und Tipps

- zu a) Der Abstand d zweier Punkte $A(x_a / y_a)$ und $B(x_b / y_b)$, also die Länge $\overline{AB}$ errechnet sich:
  $\sqrt{(y_b - y_a)^2 + (x_b - x_a)^2}$
- zu a) Der Abstand ist immer positiv.
- zu b) Es gilt auch die Umkehrung des Satz von Pythagoras: Gilt in einem Dreieck die Beziehung $a^2 + b^2 = c^2$, so ist das Dreieck rechtwinklig mit der Hypotenuse c und den Katheten a und b.
- zu b) Notfalls musst du alle drei Längen für $a^2 + b^2 = c^2$ kombinieren.
- zu c) Denke an den Satz des Pythagoras. Wende den Satz auf beide Dreiecke AFC und BFC an.

a) Länge $\overline{AB}$:
$d = \sqrt{(4-1)^2 + (6-2)^2} = \sqrt{9+16} = \sqrt{25} = 5$
Länge $\overline{AC}$:
$d = \sqrt{(5-1)^2 + (4-2)^2} = \sqrt{16+4} = \sqrt{20}$
Länge $\overline{BC}$:
$d = \sqrt{(5-4)^2 + (4-6)^2} = \sqrt{1+4} = \sqrt{5}$

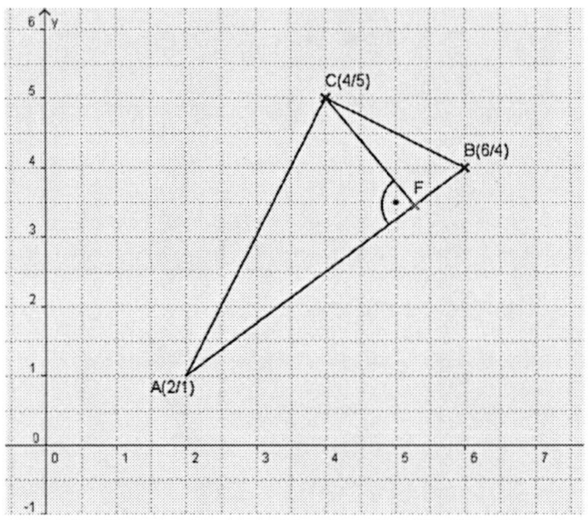

b) Es gilt: $\overline{AC}^2 + \overline{BC}^2 = \overline{AB}^2$, denn
$\sqrt{20}^2 + \sqrt{5}^2 = 20 + 5 = 25 = 5^2$. Damit ist das Dreieck ABC rechtwinklig mit den Katheten $\overline{AC}$ und $\overline{BC}$ und der Hypotenuse $\overline{AB}$.

c) Zur Abkürzung: $q = \overline{BF}$, dann ist $\overline{AF} = 5 - q$
Im ΔBFC: $q^2 + h^2 = \overline{BC}^2$ oder $h^2 = \sqrt{5}^2 - q^2 \Leftrightarrow$
$h^2 = 5 - q^2$ (1)
Im ΔAFC: $\overline{AF}^2 + h^2 = \overline{AC}^2 \Leftrightarrow$
$h^2 = \sqrt{20}^2 - (5-q)^2 = 20 - (25 - 2q + q^2) = 20 - 25 + 10q - q^2 = -5 + 10q - q^2$ (2)
Gleichsetzen (1) = (2): $5 - q^2 = -5 + 10q - q^2 \Leftrightarrow$
$10 = 10q \Leftrightarrow q = 1$
$q = 1$ einsetzen in (1): $h^2 = 5 - 1^2 = 4 \Leftrightarrow h = 2$
Die Höhe beträgt **2** Längeneinheiten.

Aufgabe 6

Hinweise und Tipps

- Der Höhensatz in einem rechtwinkligen Dreieck lautet $h^2 = p \cdot q$ (siehe Zeichnung). Für diese Aufgabe brauchst du ein Produkt, dessen Wert 15 ergibt. Es bietet sich für p = 3 und für q = 5 an. Möglich wäre aber auch p = 2 und q = 7,5.
- Kläre vorher mit deinem Lehrer ab, wie ausführlich die Konstruktion sein muss. Z.B. reicht es, die Höhe nur mit dem Geodreieck zu zeichnen oder wird eine Konstruktion der Senkrechte mit Lineal und Zirkel verlangt.
- Auf jeden Fall solltest du den Thaleskreis (Halbkreis) zeichnen.
- Diese Aufgabe wäre natürlich auch mit dem Kathetensatz lösbar.
- zu b) Es ist sinnvoll, dass du Seitenlängen eines Rechtecks findest, die ganze Zahlen sind.

a)

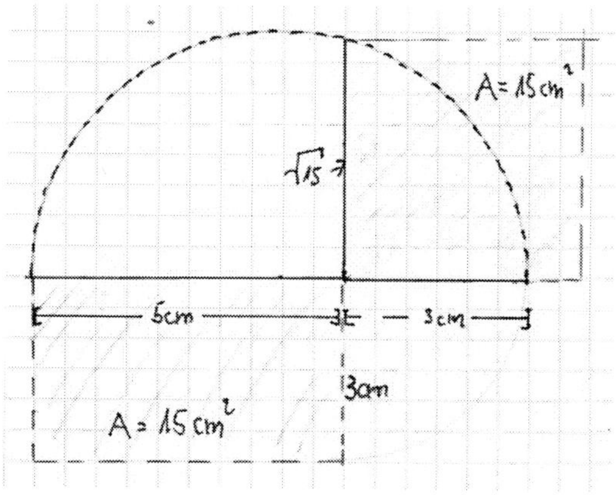

b) Der Satz des Pythagoras lautet $a^2 + b^2 = c^2$, wobei a und b Katheten sind, c die Hypotenuse des rechtwinkligen Dreiecks. Welche Seite soll nun mit $\sqrt{15}$ belegt werden?

1. Ansatz: $a^2 + b^2 = 15$, d.h. die Hypotenusenlänge ist dann $\sqrt{15}$. Aber es ist nicht möglich für a und b natürliche Zahlen zu finden, die die Gleichung erfüllen.

2. Ansatz: $15 = c^2 - a^2$, d.h. eine der Katheten ist $\sqrt{15}$. Auch hier ist es nicht möglich, für c und a natürliche Zahlen zu finden, damit diese Gleichung erfüllt wird.

Aufgabe 7

Hinweise und Tipps
Da das Schrägbild eines Körpers verzerrt ist und somit auch die Längen verzerrt sind, die nicht in der Achsenebene liegen, ist es sinnvoll Hilfskonstruktionen (rechtwinklige Dreiecke) durchzuführen.

a) Bestimmung von $\overline{BC}$

$\overline{BC} = 2 \cdot \overline{BM}$

Pythagoras: $\overline{BM}^2 + 8^2 = 10^2$

$\overline{BM} = \sqrt{10^2 - 8^2} = \sqrt{36} = 6$

$\overline{BC} = 2 \cdot 6 = \mathbf{12\ cm}$

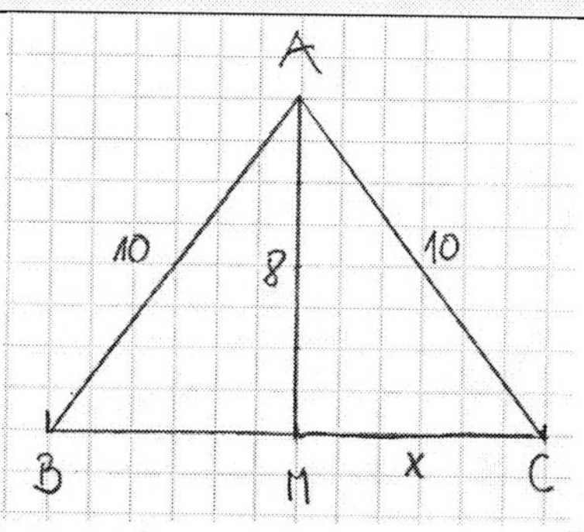

Hilfskonstruktion Bestimmung von $\overline{BC}$

c) Bestimmung von $\overline{MS}$

Pythagoras: $\overline{MS}^2 = 10^2 + 8^2$

$\overline{MS}^2 = 164$

$\overline{MS} = \sqrt{164} = \mathbf{12{,}81\ cm}$

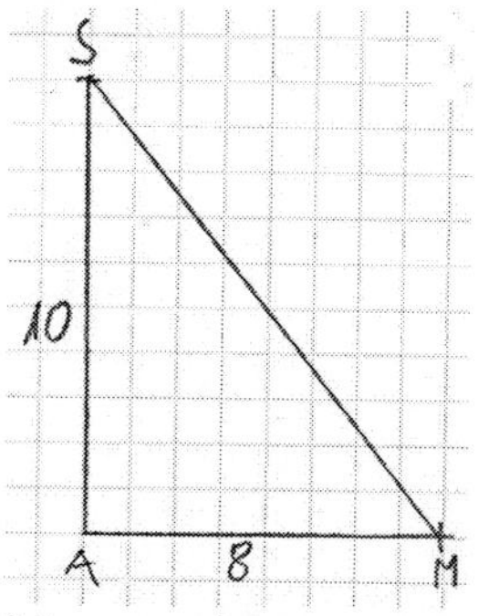

Hilfskonstrukion Bestimmung $\overline{MS}$

d) Bestimmung von $\overline{QR}$

$\overline{QR} = 2 \cdot \overline{QP}$

Vierstreckensatz: $\frac{\overline{QP}}{\overline{MC}} = \frac{\overline{MA}-\overline{MP}}{\overline{MP}}$

$\frac{\overline{QP}}{6} = \frac{8-5{,}5}{8}$

$\overline{QP} = 0{,}3125$

$\overline{QR} = 2 \cdot 0{,}3125 = \mathbf{0{,}625\ cm}$

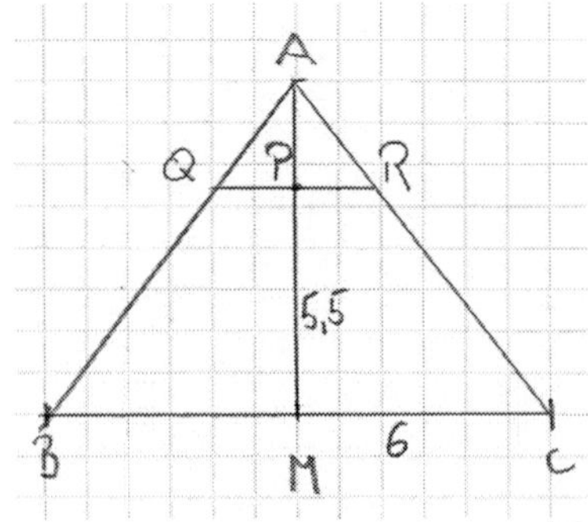

Hilfskonstruktion Bestimmung $\overline{QR}$

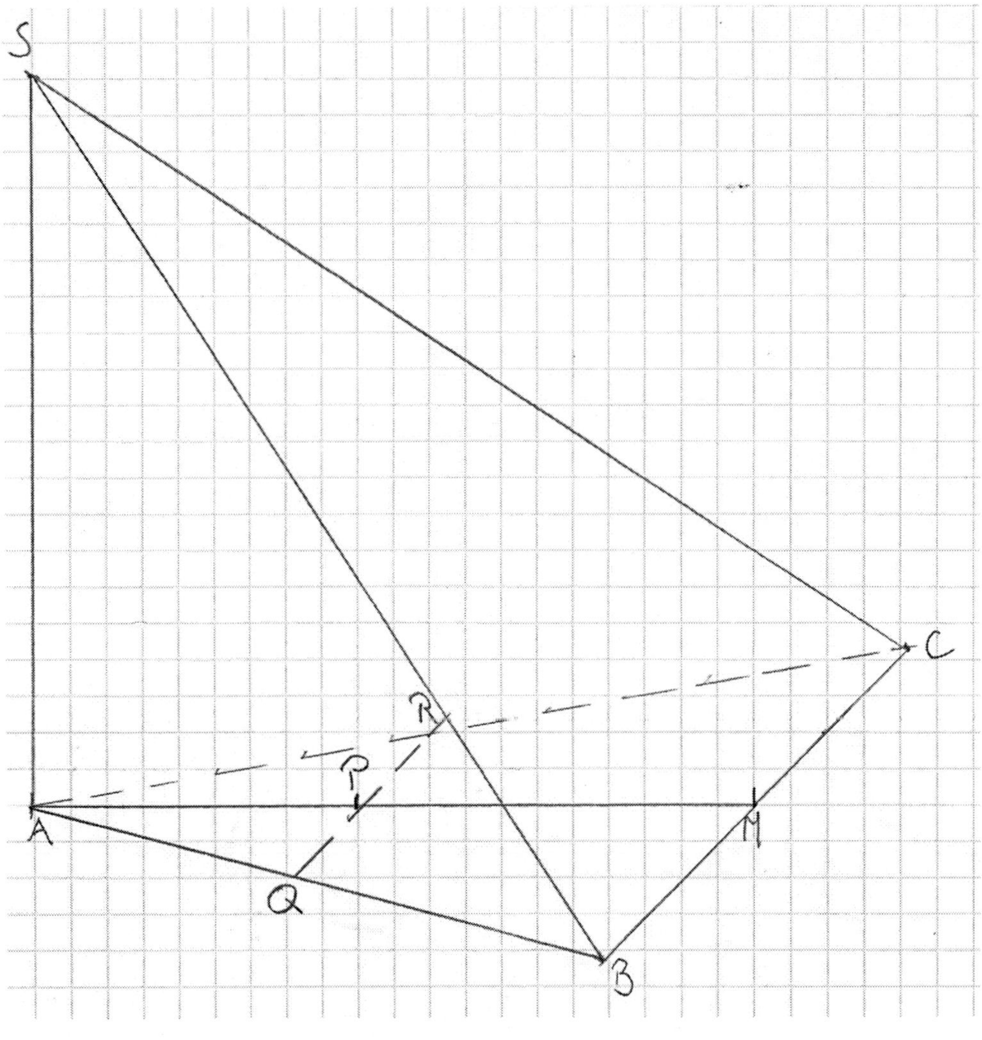

Gesamtpunkte: **35**

Punkte	35 - 33	32-27	26 - 21	20 - 14	12 - 5	4 - 0
Note	1	2	3	4	5	6

Monika und Claus Arndt aus Waldtrudering geben im Eigenverlag Lernhilfen für Schüler heraus

Die Durchblick-Garanten

Die Tage sind gezählt bis zu den Sommerferien. Nicht alle Schüler jedoch tun sechs Wochen lang nichts für die Schule. Und es gibt so einige Eltern, die sich jetzt schon fürs neue Schuljahr rüsten. Viele von ihnen landen bei Monika und Claus Arndt aus Waldtrudering. Das Ehepaar gibt Hefte mit Schulproben für Grundschüler und Schulaufgaben für Gymnasiasten und Realschüler heraus. Kinder und Jugendliche können sich mit ihren Durchblicker-Aufgaben auf Prüfungen vorbereiten.

Monika und Claus Arndt im Keller ihres Waldtruderinger Hauses. Dort drucken sie ihre Durchblicker-Schulaufgaben. Jahrelang haben sie zudem Nachhilfeunterricht gegeben, mittlerweile konzentrieren sie sich auf ihr Verlagsgeschäft. Ihre Schulaufgaben sind im Buchhandel zu finden und helfen Schülern bei der Lösung von Schulaufgaben. ***Fotos: Panthermedia/ve/kn***

Im Keller der Familie Arndt im Birkhahnweg in Waldtrudering läuft der Drucker. In den Regalen stapeln sich ordentlich die Ausdrucke. Ihre Bestellungen erreichen Monika und Claus Arndt meist spät abends. Nach Ladenschluss schicken Buchhändler noch ihre Bestellliste ab, so auch an den Durchblicker Verlag in Waldtrudering. Viele Jahre lang haben die Arndts im Keller Schülern Nachhilfeunterricht gegeben. Vor fünf Jahren haben sie einen Verlag gegründet und verkaufen seitdem Bücher mit typischen Schulaufgaben für bayerische Schüler. Derzeit, kurz vor den Sommerferien und vor allem dann im September, sei die Nachfrage besonders groß. „Wir haben ein saisonales Geschäft", sagt Claus Arndt schmunzelnd. Bevor es in die Ferien geht oder zum Start ins neue Schuljahr, bestellen Schüler und ihre Eltern die Durchblicker-Schulaufgaben.

Der Mathematiker sattelte aufs Lehramt um

Die Arndts haben sozusagen eine Marktlücke entdeckt: Verlage bieten zwar immer mehr Lernhilfen für Schüler an. Doch die Arndts haben ihre Ausgaben auf die jeweiligen Schultypen und auf die neuen Lehrpläne in Bayern zugeschnitten. So läuft und läuft ihr Drucker. „Volltreffer!", hat ihnen ein Schüler geschrieben, „drei Aufgaben in meiner Schulaufgabe waren genau wie die aus Ihrem Buch!" Und eine Buchhändlerin lässt sie wissen: „Ich empfehle die Reihe immer weiter. Sie haben in mir einen Fan gefunden."

Wie aber kommt es, dass die beiden Waldtruderinger so einen guten Riecher haben, wie Lehrer ihre Schulaufgaben gestalten und was sie wollen? Claus Arndt war als Diplom-Mathematiker in der EDV-Branche beschäftigt. Bis 2004. Da hieß es: „Wer gehen wolle, könne gehen." Der Waldtruderinger Vater zweier Söhne ließ sich das nicht zwei Mal sagen. Händeringend wurde damals nach Lehrern gesucht. So sattelte der Mathematiker kurzerhand um und unterrichtete fortan an der Realschule in Dachau und am Neuperlacher Heinrich-Heine-Gymnasium Mathe.

Damit nicht genug. Zuhause im Keller eröffnete er mit seiner Frau Monika ein Lernstudio für Schüler. Claus Arndt gab Nachhilfe in Mathematik. Seine Frau in Englisch, Deutsch und Französisch. „Für Physik und Latein beschäftigten wir noch weitere Nachhilfelehrer", erzählt Claus Arndt. Die Waldtruderinger Familien nahmen das Angebot gerne an: Bei den Arndts gab es Nachhilfe für den Achtklässler, der darum kämpfte, wegen Mathe bloß nicht durchzufallen. Ein anderer Bub, ein Grundschüler, konnte partout nicht stillsitzen. „Ich ließ ihn hier unten auf einem kleinen Trampolin auf- und abspringen und fragte ihn dabei das Einmaleins ab", erzählt Claus Arndt. Ebenso ackerten gleich mehrere Schüler in einem Crashkurs, um in ihrer Abschlussprüfung eine bessere Note zu bekommen.

Nachhilfeunterricht von 13 bis 20 Uhr

Vier Jahre lang büffelten die Nachhilfelehrer mit ihren Schützlingen Stunde für Stunde im Keller. „Unseren Höhepunkt hatten wir im Jahr 2008, da saßen wir von 13 bis 20 Uhr in unserem Lernstudio, die Nachfrage in Waldtrudering und Umgebung war einfach so groß", erinnert sich Claus Arndt. Was ist das Arndtsche Erfolgsrezept? Die Arndts lösen mit ihren Schülern Schulaufgaben, erarbeiten Musterlösungen und korrigieren die Antworten gemeinsam. „Diese Klassenarbeiten denken wir uns selbst aus", sagt Claus Arndt. Im Laufe der Jahre haben sie ein Gespür dafür entwickelt, welche Aufgabentypen drankommen können – „wie die Lehrer ticken".

Schulaufgaben zu entwickeln, das machte Claus Arndt bald nicht nur für seine Nachhilfeschüler im Münchner Osten. Für die Verlage Klett und Cornelsen modifizierte er Schulaufgaben. „Doch die Lehrpläne variieren von Bundesland zu Bundesland", erzählt der Klausuren-Profi. Und so schlug man ihm vor, für Bayern einfach selbst Schulaufgaben herauszugeben. Im Eigenverlag.

Claus Arndt hatte ja mit seiner Frau Monika kompetente Hilfe an seiner Seite. Denn vor allem sie war es, die in ganz Bayern Buchhändler abklapperte, um Werbung für die Durchblicker-Schulaufgaben zu machen. Mehr noch: Monika Arndt hatte als Autorin bereits Ernährungsbücher für Kinder veröffentlicht, hatte unter anderem beim Stark-Verlag über Produktion sowie Inhalt von Lernhilfen viele Erfahrungen gesammelt und als Lektorin gearbeitet. Sie knöpfte sich nun die Fächer Deutsch, Französisch und Englisch vor und arbeitete ebenso Schulaufgaben aus. Zudem sei es für sie als Schulaufgaben-Entwickler mit Einführung des G8 leichter geworden: „Alles ist systematischer und strukturierter, ich kann eher abschätzen, was in einer Klassenarbeit drankommt", sagt Claus Arndt.

Neu im Angebot sind Proben für Grundschüler

Mittlerweile haben sie eine breite Palette mit 57 verschiedenen Ausgaben im Angebot: Ob für Gymnasiasten Mathe-Schulaufgaben von der fünften bis hoch zur zwölften Klasse oder für Realschüler Englisch-Schulaufgaben. „Und neu und sehr beliebt sind unsere Schulproben in Mathe, Deutsch und HSU für Dritt- und Viertklässler", sagt Monika Arndt. „Die sind immer mehr unsere Renner!" Als Verlag profitieren sie von dem wachsendem Druck, der schon auf Grundschüler ausgeübt werde. „Eltern wollen unbedingt, dass ihr Kind einen Notendurchschnitt von 2,33 beim Übertrittszeugnis in der vierten Klasse hat, damit es aufs Gymnasium gehen kann", sagt Claus Arndt. „Das ist oft zu viel des Guten." Er weiß, wovon er spricht. Er hat in all den Jahren in seinem Lernstudio viele Kinder kennengelernt. „Oft haben wir gemerkt, welch großen Druck Eltern auf ihr Kind ausüben können." Natürlich müsse sich jedes Kind auf Tests in der Schule vorbereiten. Doch als Eltern zweier Söhne, 1993 und 1996 geboren, wissen sie eben auch, dass ein Kind nicht zu viel lernen dürfe. „Wer für eine Schulaufgabe mit zwei unserer Aufgaben übt, dem reicht das meist", behauptet Monika Arndt.

Den beiden Schulaufgaben- und Nachhilfe-Profis geht es vor allem darum, Schüler besser auf das vorzubereiten, was sie bei einer Probe erwartet. „Angst und Nervosität legen sich schnell, wenn Schüler ähnliche Aufgaben kennen und bereits bearbeitet haben", sagt Claus Arndt.

Verena Rudolf

Telefon (089) 53 06-420
lokales@merkur.de
Telefax: (089) 53 06-86 56

Mehr Durchblick für Schüler

Claus und Monika Arndt produzieren Lernhefte im heimischen Keller in Waldtrudering

VON LAURA MÜLLER

Vielen Kindern graut es vor der Schule. Häufig sind sie unmotiviert und wissen nicht, wie sie sich auf Tests und Schularbeiten vorbereiten sollen. Für diese Problematik gibt es eine Menge Nachhilfelehrer und Bücher, die helfen sollen. Einer der Verlage, die solche Bücher, oder vielmehr Hefte, produzieren, ist der Durchblicker Verlag – ein kleiner Buchverlag, der nur aus dem Ehepaar Claus und Monika Arndt besteht. Er hat sich auf Schulaufgaben und ihre Lösungen spezialisiert. Die Arndts produzieren die Hefte im heimischen Keller in Waldtrudering.

Auf den jungen Schülern lastet eine Menge Druck, sagen die Arndts

Claus Arndt, ein ehemaliger Software-Ingenieur, hat den Verlag vor fünf Jahren gegründet. Angefangen hat alles damit, dass Claus Arndt anfing, Nachhilfe zu geben. „Als die Kinder kamen, wollte ich nicht ständig unterwegs sein", erzählte er. „Also habe ich meinen Job gekündigt und Nachhilfe gegeben." Die Schüler kamen gerne zu Claus Arndt, so wurde die Nachfrage irgendwann zu groß. Die Arndts gaben das Lernbüro auf und fingen an, Bücher mit Schulaufgaben und ihren Lösungen zu drucken. Zunächst verkauften sie nur wenige Hefte, doch im vergangenen Jahr waren es schon 20 000. Insgesamt haben sie 58 Bücher verfasst und herausgebracht. Die Arndts sehen sich mittlerweile als „ernst zu nehmende Konkurrenz" für den renommierten Stark-Verlag. Dessen rote Übungsbücher stehen bei vielen Schülern im Regal.

Claus Arndt sammelt seit der Umstellung auf das G8 Schulaufgaben von verschiedenen Schulen. Weil er selbst mal als Lehrer arbeitete, weiß er, was andere Lehrer erwarten. Claus und Monika Arndt orientieren sich bei ihren Aufgaben immer an dem neusten Stand der Lehrpläne.

Als die Arndts ihren Verlag gründeten, klapperten sie alle möglichen Büchereien ab, um ihre Bücher präsentieren zu können. Monika Arndt hat schon vorher als Lektorin und Autorin gearbeitet. Sie kennt sich in der Branche aus und weiß, wie man hier etwas erreicht. Heute liegen die Bücher des Durchblicker-Verlags etwa in Hugendubel- und Thalia-Filialen aus. „Wir freuen uns, dass unsere Bücher so gut ankommen", sagt Claus Arndt. Am besten verkaufen sich laut den Arndts die Lerntrainer für die Grundschule sowie für die 5. und 6. Klasse Gymnasium. Das verwundert. Claus Arndt erklärt: „Auf den jungen Schülern lastet schon eine Menge Druck."

Am besten verkaufen sich die Lerntrainer für Grundschule und 5. und 6. Klasse

Als die Arndts die Bücher in immer größerer Stückzahl verkauften, stellte sich die Frage, wie sie die Lerntrainer weiter produzieren wollen. Sie entschieden sich, die Bücher selbst zu drucken. „Alles ist handproduziert, das ist unser Markenzeichen", sagt Monika Arndt.

Sie legen Wert darauf, dass ihre Aufgaben schulnah sind und so auch wirklich abgefragt werden könnten. „Außerdem ist es wichtig für uns, die Schüler für das Lernen zu motivieren. Häufig schreiben Kinder schlechte Noten, weil sie zu wenig Selbstvertrauen haben", sagt Claus Arndt. „Wenn die Kinder mit unseren Schultrainern lernen, erkennen sie Aufgaben aus dem Unterricht wieder, das gibt ihnen ein Erfolgserlebnis und motiviert sie." Natürlich könnten die Bücher keine schon vorher entstandenen Wissenslücken schließen, „aber sie helfen, zu vertiefen und zu wiederholen."

Die Nachfrage ist groß: Im Keller von Monika und Claus Arndt stapeln sich die Lernhefte des heimischen Verlags. Alles ist handproduziert, das ist das Markenzeichen des Verlags.

FOTOS: ASTRID SCHMIDHUBER

Die Hefte des Durchblicker-Verlags: Insgesamt 58 Lerntrainer haben die Arndts schon herausgebracht.

AKTUELLES IN KÜRZE

38-Jähriger stirbt nach Drogenkonsum

Ein 38-jähriger Münchner ist am vergangenen Freitag an den Folgen von Kokain- und Alkoholkonsum gestorben. Nach Angaben der Polizei wurde der arbeitslose Münchner am Donnerstag, 17. November, in eine Klinik eingeliefert. Dort musste er reanimiert werden. In seinem Urin wurde ein hoher Kokaingehalt festgestellt. Zudem hatte er eine Alkoholvergiftung. Die Obduktion ergab, dass der 38-Jährige an einer Überdosis Rauschgift gestorben war. Die Polizei schließt Fremdverschulden aus. pim

Rechte und Pflichten von Mietern

Viele Auseinandersetzungen zwischen Vermietern und Mietern resultieren daraus, dass die Parteien ihre Rechte und Pflichten nicht kennen oder diese falsch einschätzen. Die Rechtsanwältin Gisela Weber vom Mieterverein München erläutert bei einem Infoabend im Bauzentrum München, Willy-Brandt-Allee 10, am Dienstag, 13. Dezember, ab 18 Uhr, welche Klauseln Mieter vor der Unterzeichnung eines Formularmietvertrages besonders unter die Lupe nehmen sollten. Sie spricht außerdem die Probleme des Alltags an, die im täglichen Umgang zwischen den Mietvertragsparteien und den Nachbarn auftreten können. Der Eintritt ist frei. do

Ich wollte Ihnen mitteilen, dass ich in der Mathe-Schulaufgabe eine 1 habe. Ich habe die Aufgaben vor der Schulaufgabe alle durchgerechnet und fühlte mich so fit und sicher.

Meine Tochter kapiert Mathe am besten, wenn Sie es ihr vor den Schulaufgaben erklären.

„Ich empfehle die Reihe immer weiter. Sie haben in mir einen Fan gefunden.“
Eine Buchhändlerin

So einen guten Mathelehrer wie Sie hatte ich noch nie!

„Die Bücher sind wirklich gut!“
Ein Großbuchhändler

VOLLTREFFER !!!

3 Aufgaben in meiner Schulaufgabe waren genau wie die aus Ihrem Buch. Ganz toll!

Die Hinweise in den ausführlichen Lösungen sind die absoluten Insidertipps! Damit weiß ich endlich, was dran kommt.

Nur durch Ihren ausgezeichneten Crash-Kurs habe ich die Mittlere Reife in Mathematik mit der Note 3 geschafft. Jetzt kann ich meine neue Lehrstelle antreten.

Wir haben alle Ihre Bücher. Die sind spitze!

Wir haben bereits letztes Jahr mit Mathematik 7 und mit Englisch 7 gearbeitet, mit gutem Erfolg.

„Die Schulaufgaben von bayerischen Realschulen laufen ausgezeichnet!“

Eine Buchhändlerin

„Die Durchblicker Schulaufgaben sind inzwischen unsere Topseller“.
Eine Buchhändlerin

Ihre Bücher sind sehr professionell. Wir bestellen hiermit die nächsten.

Guten Tag, wir haben im vergangenen Jahr mehrere Ihrer Bücher gekauft und waren sehr beeindruckt von der Qualität und dem Einklang mit dem bayrischen Gymnasium Curriculum. Nun möchten wir das für das kommende Schuljahr wiederholen.

Mathematik 9 II / III
Realschule

ISBN: 978-3-943703-32-0

9 783943 703320

€ 14,95 (D) € 15,40 (A)

Neuerscheinungen

Schulaufgaben von bayerischen Realschulen

978-3-943703-36-8

978-3-943703-37-5

978-3-943703-38-2

978-3-943703-39-9

978-3-943703-40-5

978-3-943703-41-2

978-3-943703-26-9

978-3-943703-27-6

978-3-943703-28-3

978-3-943703-30-6

978-3-943703-32-0

978-3-943703-34-4

Neue Deutschbücher

978-3-946141-10-5

978-3-946141-11-2

978-3-946141-12-9

978-3-946141-13-6

DURCHBLICKER
Verlag GmbH

www.durchblicker.org
info@durchblicker.org
Tel: 089 - 43 73 73 14
Fax: 089 – 43 90 60 51